Esercizi di programmazione in linguaggio C

80 problemi e soluzioni commentate

Costantino Grana e Marco Manfredi

Indice

4   Esercizi avanzati   43

6 Note   203

Capitolo 1

Introduzione

Questo libro di esercizi nasce dall'esperienza maturata nell'Insegnamento di Fondamenti di Informatica 1 del Corso di Laurea in Ingegneria Informatica dell'Università degli Studi di Modena e Reggio Emilia. Il testo non ha l'obiettivo di fornire una copertura delle basi teoriche della programmazione in generale, né della programmazione in linguaggio C, ma vuole essere uno strumento ben strutturato per prepararsi alla risoluzione di problemi di programmazione in tale linguaggio.

Vale la pena sottolineare alcune caratteristiche del testo che cercano di differenziarlo da altri numerosissimi testi analoghi. Partiamo da alcuni *fatti* che riteniamo importanti nell'affrontare la programmazione in C:

1. la programmazione non è magia. Tutto accade perché ci sono alcune regole che sono ben codificate e quindi, per quanto possibile, non si utilizzeranno costrutti "perché così funziona, ma non serve capire il perché". Un esempio di questo è la direttiva `#include`. Questa direttiva è esattamente equivalente ad aprire il file indicato, selezionare tutto, fare copia e incolla nel file che contiene la direttiva, al posto della stessa. Non avviene altro, non ci sono cose diverse, non è magia.

2. Nel linguaggio C e nella sua libreria standard, non esistono monitor e tastiera. Non vi è alcun modo di far riferimento al monitor o alla tastiera. Questo è fondamentale. Magari stupido, scomodo, vecchio e brutto, ma **è così**. Per accedere a monitor o tastiera servono librerie specifiche del sistema operativo. Ma allora `printf()`? È una funzione che scrive su un file (`stdout`). E `scanf()`? È una funzione che legge da file (`stdin`). L'unico input/output di cui disponiamo (nello standard) è da e verso file.

3. In C non è possibile passare array alle funzioni. Non esistono parametri di tipo array. In realtà in C non esiste nemmeno un tipo array! Esiste il tipo "array di ... elementi di tipo ...". Questa non è una differenza da poco. Gli array hanno un numero di elementi fissati a tempo di compilazione e le funzioni non possono avere argomenti di tipo array. Quando scriviamo:

```
int funz(int a[]);
```

il parametro `a` è un **puntatore a int**.

4. In C non esiste un tipo booleano, non esiste quindi un modo standard per definire una variabile che possa contenere i valori vero o falso. Per questo si utilizza il tipo `int`, con la convenzione che il valore 0 corrisponda al falso e che gli altri valori corrispondano al vero.

5. In C non esiste un tipo per le stringhe. Nella libreria standard vengono fornite alcune funzioni che utilizzano le cosiddette "stringhe C", ovvero sequenze di `char` terminate da un `char` che vale 0. In tutto il testo scriveremo il valore zero come `0` e non useremo di norma la notazione `'\0'`. Tra l'altro in C sono, purtroppo, entrambe espressioni di tipo `int` e non di tipo `char`.

6. In C non esiste un tipo per le matrici. Proprio no. Esistono al massimo gli array di array (di array, di array, ...). Ma sono un elemento del linguaggio talmente limitante, per cui non li utilizzeremo quasi mai.

Messo un punto fermo su questi aspetti del linguaggio C, passiamo agli aspetti *filosofici*:

1. Non useremo mai array di dimensione fissata, a meno che non sia uno dei vincoli dati dal testo. Questo perché si vuole mettere al centro il concetto che il linguaggio C è un linguaggio vero: è infatti il linguaggio più utilizzato al mondo per scrivere software, o, più spesso, librerie software. Pertanto non poniamo limiti arbitrari al nostro software. Un file non avrà al massimo 1000 caratteri, un vettore non avrà al massimo 100.000 elementi e una matrice non sarà al massimo 1000×1000. Tutto il nostro codice dovrà funzionare con input di dimensione arbitraria. Le funzioni `malloc()`, `free()` e `realloc()` saranno spesso necessarie.

2. Un aspetto importante della programmazione è scrivere programmi corretti. Quasi mai i programmi funzionano al primo colpo. Per correggere i problemi, ovvero i *bug*, sono stati realizzati software detti *debugger*. Non fingeremo che non esistano! Non fingeremo neppure di essere in un epoca attorno alla fine degli anni '70. Abbiamo degli strumenti che ogni professionista usa: gli *Integrated Development Environment* (IDE), ad esempio Microsoft Visual Studio, Eclipse, Xcode. Questi strumenti software non sono un lusso che distoglie dal linguaggio, ma sono il modo con cui il software viene scritto nel mondo reale. Pertanto molte delle funzioni `main()` del testo non producono alcun output *a schermo* (ovvero su `stdout`). Per vedere il risultato di una variabile, lo studente deve utilizzare il debugger del suo IDE e con quello capire se il risultato è corretto. `printf()` non è un modo per fare debug.

3. L'input in C (standard) può avvenire solo da file. Non ci sono esercizi che suggeriscono agli studenti che l'input da tastiera sia una cosa intelligente da fare. Se voglio creare programmi *interattivi*, utilizzo una libreria che mi dia l'accesso ad una interfaccia grafica. Quindi la funzione `scanf()` per chiedere all'utente quanti anni ha non verrà incontrata nel testo.

4. L'unità elementare che costituisce i problemi da risolvere è costituita dalla funzione. Tutti gli esercizi richiedono di scrivere l'implementazione di una funzione la cui interfaccia (la dichiarazione) è già fornita nel testo. La funzione è l'elemento della programmazione strutturata che meglio si adatta a venire isolato e quindi implementato separatamente dal software in cui viene poi invocato. Dato un certo obiettivo, chiedere di implementare la funzione che esegue il compito è quello che un programmatore deve saper fare. Una volta acquisita questa competenza si potranno affrontare problemi più complessi che richiedono di progettare una intera soluzione software.

5. **La soluzione devi trovarla da solo.** Il primo compito di ogni programmatore è trovare soluzioni ai problemi. Non vogliamo formare eserciti di programmatori il cui

primo approccio sia: "vediamo su internet come si fa". Quindi nel testo separiamo l'enunciato del problema dalla sua soluzione. Peraltro quella che noi proponiamo è **una soluzione**, non *la soluzione*. Per sottolineare ulteriormente questo, alcune volte vengono mostrate versioni alternative, ma ugualmente corrette.

1.1 Come utilizzare questo libro

Qual è allora la struttura del testo? Come va usato? La nostra idea è che, volendo esercitarsi, sia importante avere qualcuno che pone dei problemi: per questo c'è la prima sezione con il testo di diversi esercizi. Una volta letto il testo lo studente dovrebbe aprire il suo IDE, creare i file richiesti (.c e/o .h) e aggiungere un altro file (che noi chiamiamo sempre `main.c`) contenente la funzione `main()`. La scrittura di un `main()` che permetta di verificare il funzionamento della funzione realizzata serve anche per esercitarsi alla scrittura di quegli elementi esterni minimali che serviranno poi molto spesso.

Segue poi una sezione in cui per ogni esercizio viene mostrata una possibile soluzione e una funzione `main()` che consente di testare il tutto. La risoluzione degli esercizi è fatta per consentire di *sbloccare* lo studente in difficoltà o per mostrare approcci alternativi a quelli da lui seguiti.

Non è disponibile una versione elettronica degli esercizi di questo testo. Questa è una *feature*, non un *bug*. Gli studenti del primo anno programmano tipicamente con una mano sulla tastiera e una sul mouse. Questo li rende lenti. Essere lenti non è una delle caratteristiche apprezzate nel mondo del lavoro. Quindi il testo delle soluzioni deve essere scritto a mano nell'editor scelto e provato. E se uno si sbaglia a scrivere? Correggerà col debugger. È invece disponibile una pagina con i file di supporto utili per testare i diversi esercizi: http://imagelab.ing.unimore.it/staff/grana

Tutto il codice presente nel libro è direttamente importato da progetti che compilano e che sono stati testati, quindi, almeno nei casi considerati, non sono presenti errori. Certamente non ci sono errori di sintassi.

Infine, permetteteci di sottolineare alcuni dettagli (ulteriori approfondimenti si troveranno anche nelle note alla fine del testo):

- Tutti i file sono costituiti da sequenze di byte, ovvero sequenze di zeri e uni. Non c'è alcuna differenza sostanziale nei bit di una immagine .JPEG, di un file .TXT o di uno .MP3. Quello che cambia è la loro interpretazione. In linguaggio C esistono due modalità per aprire i file con la funzione `fopen()`, la modalità `"t"` (che è quella di default) e la modalità `"b"`. Purtroppo si chiamano modalità testo e binaria. La modalità testo ha come effetto principale quello di tradurre l'indicatore `<a capo>` di uno specifico sistema nel solo `'\n'`. Nel testo chiamiamo questa modalità **modalità tradotta (testo)** per sottolineare il vero significato. Per contro chiamiamo la modalità che non effettua alcuna manipolazione sui byte **modalità non tradotta (binario)**.

- L'estensione di un file è una parte del suo nome e non ha nulla di fondamentale che la leghi con il suo contenuto. Possiamo creare un file con Blocco Note e chiamarlo "prova.bin" o "prova.xls" o "prova". Il suo contenuto sarà sempre quello che abbiamo creato inizialmente.

- Non esiste "il carattere end of file" o "il carattere EOF". **Non esiste**. Davvero. Proprio non c'è.

- In tutte le soluzioni, non usiamo gli operatori di pre e post incremento o decremento in espressioni che fanno anche altro. Anche se sono operatori molto comodi e compatti, tendono ad essere abusati e quindi la regola è che li utilizziamo solo da soli. Ricordiamo anche che se i = 5 alla domanda "Che cosa vale i dopo l'esecuzione di i = i++;?" l'unica risposta corretta è "Boh." Infatti questo è definito dallo standard *undefined behavior.*

- Per sottolineare la differenza tra dichiarazione e definizione, utilizzeremo sempre la parola chiave `extern` davanti alle dichiarazioni, anche davanti alla dichiarazione di funzioni, quando non sarebbe indispensabile.

- In tutte le funzioni che devono ritornare o utilizzare una dimensione di qualcosa utilizziamo il tipo `size_t`, definito nella libreria `stdio.h`. È il tipo di dato ritornato da `sizeof`, quindi è in pratica un tipo che è parte del linguaggio. Meglio abituare i lettori alla sua esistenza.

- Per tutti i lettori che utilizzeranno Microsoft Visual Studio: intanto avete il miglior debugger disponibile sul mercato e quindi usatelo. Purtroppo Microsoft ha deciso di sponsorizzare le funzioni `_s` recentemente introdotte nello standard, tipo `strcpy_s()` o `fopen_s()`. Sarebbe sufficiente dirvi che nel testo non le usiamo, ma i programmi non compilano se utilizzate le versioni "vecchie". Per fare compilare il tutto aggiungete

  ```
  #define _CRT_SECURE_NO_WARNINGS
  ```

  prima di includere librerie standard (mettetelo nella prima riga) oppure aggiungete `_CRT_SECURE_NO_WARNINGS` alla voce "Preprocessor Definitions" nelle Proprietà del progetto. Finché ci siamo, se usate Windows, fatevi un favore e non nascondete l'estensione dei file in Esplora Risorse.

- Alcuni esercizi utilizzano file "binari", ovvero i cui byte non corrispondono a simboli della tabella ASCII, ma utilizzano altre codifiche. Per visualizzarne il contenuto vi suggeriamo di imparare ad utilizzare un editor esadecimale e, sotto Windows, consigliamo HxD, che è gratuito e veramente valido.

1.2   Note sullo standard del linguaggio C

Il linguaggio C ha una storia di oltre 40 anni e pertanto ha subito diverse modifiche nel tempo. Una delle caratteristiche fondamentali che lo rende così importante è la sua compatibilità col passato. Codice scritto 20 anni fa rispettando lo standard può oggi essere ricompilato ed utilizzato con modifiche minime.

Nonostante questo il linguaggio è andato avanti. Dalla sintassi di Brian Kernighan and Dennis Ritchie del 1978 siamo passati all'ANSI C del 1989, al C99 e ad oggi al C11 del 2011. Non ci sembra più logico limitare gli studenti ad uno standard di oltre 20 anni fa e quindi in tutto il testo utilizzeremo diverse feature degli standard più recenti. In particolare:

- la definizione delle variabili può avvenire in qualsiasi punto del codice
- il ciclo `for` consente la definizione di variabili nel suo primo campo e la loro visibilità è limitata al ciclo stesso

- i commenti possono essere inseriti con `//` su singola linea

Non utilizzeremo invece i *variable length array*, i *designated initializers* e i *compound literals*, in quanto li riteniamo di dubbia utilità e sono supportati come opzione (con opportuni `#define`) dal nuovo C11 e quindi non è possibile garantirne la disponibilità su tutti i compilatori.

Per quanto riguarda i tipi di dato, il C ha una flessibilità enorme, molto importante, ma decisamente fuori luogo per gli studenti alle prime armi. Pertanto in tutto il testo utilizziamo convenzionalmente delle dimensioni standard che sono valide sulla maggior parte dei compilatori disponibili per le architetture di tipo PC:

- il tipo `char` è un numero intero a 8 bit con segno in complemento a 2
- il tipo `short` è un numero intero a 16 bit con segno in complemento a 2
- il tipo `int` è un numero intero a 32 bit con segno in complemento a 2
- il tipo `long long` è un numero intero a 64 bit con segno in complemento a 2
- il tipo `unsigned char` è un numero intero a 8 bit senza segno
- il tipo `unsigned short` è un numero intero a 16 bit senza segno
- il tipo `unsigned int` è un numero intero a 32 bit senza segno
- il tipo `unsigned long long` è un numero intero a 64 bit senza segno
- il tipo `float` è un numero reale a 32 bit rappresentato secondo lo standard IEEE 754-1985
- il tipo `double` è un numero reale a 64 bit rappresentato secondo lo standard IEEE 754-1985

Sappiamo che questa è solo una delle configurazioni possibili, ma è inutile preoccuparsi di questi dettagli prima di avere estrema dimestichezza col linguaggio.

1.3 File di supporto

Alcuni esercizi richiedono di leggere file di testo o binari in un determinato formato. Per testare questi esercizi si utilizzino i file disponibili alla pagina web http://imagelab.ing.unimore.it/staff/grana

Per contattare gli autori, utilizzate i seguenti indirizzi:

Costantino Grana - costantino.grana@unimore.it

Marco Manfredi - marcomanfredi.phd@gmail.com

Capitolo 2

Esercizi base

2.1 Esercizio – binomiale

Nel file `binomiale.c` implementare la definizione della funzione:

`extern double binomiale(unsigned int n, unsigned int k);`

La funzione accetta come parametri due numeri naturali e restituisce il coefficiente binomiale corrispondente:

$$\binom{n}{k} = \frac{n!}{k!(n-k)!}$$

dove il ! indica il fattoriale (si ricorda che 0!=1). Nel caso n sia 0 o k sia maggiore di n la funzione ritorna -1. Visti i valori elevati coinvolti nel calcolo si suggerisce di utilizzare il tipo double all'interno della funzione durante i calcoli.

2.2 Esercizio – binomiale-simmetrico

Nel file `binomiale.c` implementare la definizione della funzione:

`extern double binomialesimmetrico(unsigned int n, unsigned int h, unsigned int k);`

La funzione accetta come parametri tre numeri naturali e restituisce il coefficiente binomiale simetrico corrispondente:

$$\binom{n}{h,k} = \frac{n!}{h!k!}$$

dove il ! indica il fattoriale (si ricorda che 0!=1). Visti i valori elevati coinvolti nel calcolo si suggerisce di utilizzare il tipo double all'interno della funzione durante i calcoli.

2.3   Esercizio – geometria-rotazione

Nel file `geometria.c` definire la seguente struttura:

```
struct punto {
    double x, y;
};
```

e la funzione corrispondente alla seguente dichiarazione:

```
extern void rotazione(struct punto *p, double alfa);
```

La funzione riceve in ingresso un puntatore ad un elemento di tipo `struct punto` e un angolo `alfa` espresso in radianti. La funzione deve ruotare il punto puntato da `p` di un angolo `alfa` secondo le formule usuali:

$$\begin{cases} x' = x \cos\alpha - y \sin\alpha \\ y' = x \sin\alpha + y \cos\alpha \end{cases}$$

Utilizzare la libreria `math.h` per le funzioni matematiche.

2.4   Esercizio – semifattoriale

La notazione `n!!` denota il semifattoriale (o doppio fattoriale) di `n`, definito come

$$n!! = \begin{cases} 1 & \text{se } n = 0 \text{ o } n = 1 \\ n \cdot (n-2)!! & \text{se } n \geq 2 \end{cases}$$

per esempio `8!!=8*6*4*2=384` e `9!!=9*7*5*3=945`. Nel file `matematica.c` implementare in linguaggio C la funzione corrispondente alla seguente dichiarazione:

```
extern double semifattoriale(char n);
```

La funzione deve restituire il semifattoriale di `n`. Se `n` è negativo, deve restituire -1. Non è consentito l'uso di librerie esterne. Utilizzare internamente `double` per tutti i calcoli, per avere una precisione sufficiente.

2.5   Esercizio – array-remove

Creare i file `array.h` e `array.c` che consentano di utilizzare la seguente funzione:

```
extern void array_remove (double *arr, size_t *pn, size_t pos);
```

La funzione accetta come parametri un puntatore a un vettore di double `arr`, un puntatore a un dato di tipo `size_t` che punta ad una variabile che ne indica la dimensione `pn`, una posizione `pos` (il primo elemento è alla posizione 0, il secondo alla posizione 1 e così via).

Se la posizione `pos` è all'interno dell'array, la funzione deve eliminare dall'array l'elemento alla posizione `pos` spostando indietro di una posizione tutti gli elementi successivi opportunamente.

Se riesce ad eliminare un elemento, la funzione deve modificare la variabile contenente la dimensione decrementandola di uno, altrimenti deve lasciare la dimensione inalterata. `arr` e `pn` non saranno mai `NULL`. La dimensione dell'array può essere 0.

2.6 Esercizio – prodotto-scalare

Creare i file `vettori.h` e `vettori.c` che consentano di utilizzare la seguente funzione:

`extern double prodotto_scalare (const double *x, const double *y, size_t n);`

La funzione accetta come parametri due puntatore a vettori di `double` x e y e un dato di tipo `size_t` che ne indica la dimensione n. La funzione restituisce il prodotto scalare dei due vettori:

$$\langle x, y \rangle = \sum_{i=0}^{n-1} x_i y_i$$

Se n è 0 o se uno dei due puntatori è `NULL`, la funzione deve ritornare 0.

2.7 Esercizio – vettore-media

Creare i file `array.h` e `array.c` che consentano di utilizzare la seguente funzione:

`extern double media (double *arr, size_t n);`

La funzione accetta come parametri un puntatore ad un vettore di double `arr` e un dato di tipo `size_t` che ne indica la dimensione e deve restituire la media dei valori contenuti nel vettore.

2.8 Esercizio – contaspazi

Nel file `contaspazi.c` implementare la definizione della funzione:

`size_t conta_spazi (const char *s);`

La funzione accetta come parametro una stringa zero terminata e deve restituire il numero di caratteri `<spazio>` presenti nella stessa. Ad esempio, data la stringa `"prova stringa in cui contare gli spazi"` la funzione deve ritornare il valore 6.

2.9 Esercizio – contaoccorrenze

Creare il file `conta.c` che consenta di utilizzare la seguente funzione:

`extern size_t conta_occorrenze(const char *testo, const char *stringa);`

La funzione accetta due stringhe zero terminate. Deve restituire il numero di occorrenze di `stringa` in `testo`. Ad esempio, dopo la chiamata della funzione:

```
i = conta_occorrenze("Qui bisogna cercare la parola cercare","cercare");
```

i varrà 2. La funzione deve ritornare 0 se `testo` o `stringa` sono `NULL` o contengono solo il terminatore (sono vuote).

2.10   Esercizio – formato-isdate

Nel file `formato.c` definire la funzione corrispondente alla seguente dichiarazione:

```
extern int is_date(const char *s);
```

La funzione accetta una stringa zero terminata e deve verificare se rispetta il formato di una data in cui il giorno e il mese sono rappresentati da due cifre, l'anno da quattro cifre e sono separati dal carattere '/'. La funzione ritorna 1 se il formato è corretto, 0 se il puntatore è `NULL`, o se la stringa non rispetta il formato indicato. Ad esempio la stringa `"10/07/2015"` rispetta il formato, mentre `"10-7-15"` o `"10.07.2015"` no.

2.11   Esercizio – cercamassimo

Nel file `massimo.c` implementare la definizione della seguente funzione:

```
extern int cercaMassimo(const char *filename);
```

La funzione accetta un puntatore a una stringa C (zero terminata) contenente il nome di un file da aprire in modalità lettura tradotta (testo). Nel file sono contenuti dei numeri interi con segno (in formato testo) separati da whitespace.

Un esempio di file è il seguente (file `max1.txt`):

```
10↵
30↵
20↵
```

La funzione deve leggere tutti i numeri contenuti nel file e ritornare il massimo (in questo caso il numero 30).

Il parametro filename sarà sempre il nome di un file valido (esistente).

File di supporto

```
max1.txt
max2.txt
max3.txt
```

2.12   Esercizio – rimuovi-doppie

Nel file `rimuovi.c` implementare la definizione della seguente funzione:

```
extern int rimuovidoppie(const char *filein, const char *fileout);
```

La funzione accetta due nomi di file come stringhe C e deve aprire `filein` in lettura in modalità tradotta (testo) e `fileout` in scrittura in modalità tradotta (testo). La funzione deve copiare tutti i caratteri del file `filein` nel file `fileout`, riportando una volta sola i caratteri consecutivi ripetuti. Ad esempio se il file `filein` contiene:

abcdaae

il file `fileout` dovrà contenere:

abcdae

ovvero le due lettere a consecutive sono state sostituite con una sola occorrenza. La funzione ritorna 0 se non riesce ad aprire uno dei due file, 1 altrimenti.

File di supporto

testo1.txt
testo2.txt
testo3.txt

2.13 Esercizio – conta-righe

Creare i file `righe.h` e `righe.c` che consentano di utilizzare la seguente funzione:

```
extern unsigned int conta_righe(FILE *f);
```

La funzione accetta come parametro un puntatore a un file aperto in modalità tradotta (testo) e deve ritornare il numero di righe del file. Un file vuoto o senza caratteri <a capo> ha una riga. Non è possibile imporre alcun vincolo sulla massima lunghezza delle righe.

File di supporto

file1.txt
file2.txt
file3.txt

2.14 Esercizio – write-bin

Nel file `write_bin.c` implementare la definizione della funzione:

```
extern void write_bin(const double *values, size_t n, FILE *f);
```

La funzione accetta come parametro `values`, un puntatore ad una zona di memoria contenente un vettore di `double`, un dato di tipo `size_t` che ne indica la dimensione n e un puntatore a un file aperto in modalità non tradotta (binario).

La funzione deve scrivere sul file ogni valore in formato binario come questo è rappresentato in memoria. Se `values` è `NULL` o n=0, la funzione non invia nulla in output.

2.15   Esercizio – matrix-det3x3

Creare i file `matrici.h` e `matrici.c` che consentano di utilizzare la seguente funzione:

`extern double det3x3 (double *matr);`

La funzione accetta come parametro `matr`, un puntatore ad una zona di memoria contenente una matrice quadrata di lato 3, memorizzata per righe, ovvero contenente 3×3 elementi, dei quali i primi 3 sono la prima riga, i successivi 3 la seconda e gli ultimi tre la terza.

La funzione deve ritornare il determinante della matrice passata come parametro. Si ricorda che:

$$\det \begin{pmatrix} a & b & c \\ d & e & f \\ g & h & i \end{pmatrix} = aei + bfg + cdh - gec - hfa - idb$$

Ad esempio, se `matr` puntasse alla matrice:

$$\begin{pmatrix} 1 & 2 & 3 \\ 1 & 1 & 1 \\ 1 & 2 & 1 \end{pmatrix}$$

ovvero ad una zona di memoria contenente i valori { `1, 2, 3, 1, 1, 1, 1, 2, 1` }, la funzione dovrebbe ritornare il valore 2.

2.16   Esercizio – geometria-distanza

Nel file `geometria.c` definire la seguente struttura:

```
struct punto {
    double x, y;
};
```

e la funzione corrispondente alla seguente dichiarazione:

`extern double distanza(struct punto *a, struct punto *b);`

La funzione riceve in ingresso due puntatori ad elementi di tipo `struct punto` e deve restituire la distanza euclidea tra i due punti secondo le formule usuali:

$$d(a,b) = \sqrt{(a_x - b_x)^2 + (a_y - b_y)^2}$$

Utilizzare la libreria `math.h` per le funzioni matematiche.

2.17   Esercizio – array-somma

Creare i file `array.h` e `array.c` che consentano di utilizzare la seguente funzione:

`extern double *array_somma (const double *arr1, const double *arr2, size_t n);`

La funzione accetta come parametri due puntatori a vettori di double `arr1` e `arr2` e un dato di tipo `size_t` che ne indica la dimensione `n` (gli array sono della stessa dimensione). La funzione deve restituire un puntatore ad un vettore allocato dinamicamente nell'heap, formato da `n` elementi di tipo `double` calcolati come la somma dei corrispondenti elementi di `arr1` e `arr2`. `arr1` e `arr2` non possono essere `NULL` e `n` sarà sempre maggiore di 0.

2.18   Esercizio – crea-inizializza

Nel file `array.c` implementare la definizione della funzione:

```
extern int *crea_inizializza (size_t n, int val);
```

La funzione accetta come parametri la dimensione di un vettore di int `n` e un valore intero `val` e deve restituire un puntatore ad un vettore allocato dinamicamente nell'heap, formato da `n` elementi in cui il primo vale `val`, il secondo `val-1` e così via. Ad esempio, dati n=5 e val=3, il vettore conterrà i valori 3, 2, 1, 0, -1.

2.19   Esercizio – disegni-cornicetta

Nel file `cornicetta.c` implementare la definizione della funzione:

```
extern void stampa_cornicetta (const char *s);
```

La funzione deve inviare a `stdout` la stringa passata come parametro circondandola con una cornicetta composta dei caratteri \ e / agli spigoli e di - e | sui lati. Prima e dopo la stringa bisogna inserire uno spazio. Ad esempio chiamando la funzione con s="ciao", la funzione deve inviare su `stdout`:

```
/------\↵
| ciao |↵
\------/↵
```

Ovvero (visualizzando ogni carattere in una cella della seguente tabella):

/	-	-	-	-	-	-	\	↵
|		c	i	a	o		|	↵
\	-	-	-	-	-	-	/	↵

Si ricorda che in C il carattere \ deve essere inserito come '\\'. Gli <a capo> a fine riga sono obbligatori per una soluzione corretta. `s` non sarà mai `NULL`.

2.20   Esercizio – disegni-onde

Nel file `onde.c` implementare la definizione della funzione:

```
extern void stampa_onde(FILE *f, int n);
```

La funzione deve scrivere sul file `f` (che viene passato già aperto in modalità tradotta e in scrittura) `n` onde, come le seguenti:

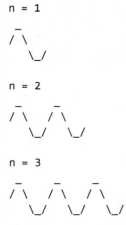

```
n = 1
  _
 / \
    \_/

n = 2
  _     _
 / \   / \
    \_/   \_/

n = 3
  _     _     _
 / \   / \   / \
    \_/   \_/   \_/
```

Se n è uguale a 0, la funzione stampa tre righe vuote. Si ricorda che in C il carattere \ deve essere inserito come \\.

2.21 Esercizio – concatena

Nel file concatena.c implementare la definizione della funzione:

```
extern char *concatena (const char *s1, const char *s2);
```

La funzione accetta come parametri due stringhe zero terminate e deve restituire un puntatore ad una stringa (allocata dinamicamente nell'heap) formata dalla prima seguita dalla seconda. Ricordarsi il terminatore. Ad esempio, date le stringhe "prova" e "test", la funzione deve ritornare la stringa "provatest".

2.22 Esercizio – person-read

Nel file readperson.c, si definisca la struttura:

```
struct person {
    char name[256];
    unsigned int age;
};
```

contenente il campo name che indica il nome della persona e il campo age che ne indica l'età. Nello stesso file si realizzi la funzione seguente

```
void person_read (FILE *f, struct person* pp);
```

La funzione accetta come parametro un puntatore ad un file aperto in lettura in modalità tradotta (testo) e un puntatore a un dato di tipo struct person. La funzione deve leggere il contenuto del file caricando i dati della persona nella struttura puntata da pp. Il file contenente i dati della persona è così strutturato:

```
<nome persona><spazio><età>
```

Ad esempio, un file valido è:

```
Marco<spazio>26
```

File di supporto

```
person1.txt
person2.txt
```

Capitolo 3

Esercizi intermedi

3.1 Esercizio – inverti

Nel file `inverti.c` implementare la definizione della funzione:

```
unsigned int inverti (unsigned int i);
```

La funzione accetta come parametro un numero intero non negativo e manda in output il numero ottenibile invertendo le cifre nella sua rappresentazione in base dieci. Ad esempio, dato il numero 123 la funzione deve ritornare il valore 321.

3.2 Esercizio – taylor-coseno

Nel file `trigonometria.c` implementare in linguaggio C la funzione corrispondente alla seguente dichiarazione:

```
extern double coseno(double x);
```

La funzione deve calcolare il valore di $\cos x$ utilizzando il seguente sviluppo in serie di Taylor:

$$\cos x = \sum_{n=0}^{\infty} \frac{(-1)^n}{(2n)!} x^{2n}$$

Non è consentito l'uso di librerie esterne.

3.3 Esercizio – taylor-seno

Nel file `calcola_seno.c` implementare in linguaggio C la funzione corrispondente alla seguente dichiarazione:

```
extern double calcola_seno(double x);
```

La funzione deve calcolare il valore di $\sin(x)$ utilizzando il seguente sviluppo in serie di Taylor:

$$\sin(x) = \sum_{n=0}^{\infty} \frac{(-1)^n}{(2n+1)!} x^{2n+1}$$

Non è consentito l'uso di librerie esterne.

3.4   Esercizio – taylor-seno-iperbolico

Nel file `trigonometria.c` implementare in linguaggio C la funzione corrispondente alla seguente dichiarazione:

```
extern double seno_iperbolico(double x);
```

La funzione deve calcolare il valore di $\sinh(x)$ utilizzando il seguente sviluppo in serie di Taylor:

$$\sinh(x) = \sum_{n=0}^{\infty} \frac{1}{(2n+1)!} x^{2n+1}$$

Non è consentito l'uso di librerie esterne.

3.5   Esercizio – trigonometria-solve

In un problema ingegneristico occorre risolvere l'equazione trascendente $\cos(x) = a \cdot x$ con $a \geq 0.5$. È possibile trovare una soluzione approssimata utilizzando il metodo di Newton, che partendo da $x_0 = 0$, aggiorna progressivamente la soluzione con la formula:

$$x_{n+1} = x_n + \frac{\cos x_n - a x_n}{\sin x_n + a}$$

Creare il file `trigonometria.c` che consenta di utilizzare la seguente funzione:

```
extern double solve(double a);
```

La funzione accetta come parametro il valore `a` (che sarà sempre maggiore o uguale a 0.5) e deve ritornare il valore a cui la successione precedente converge. La funzione deve terminare e ritornare il risultato quando la differenza in valore assoluto tra la nuova soluzione e la precedente è inferiore a 10^(-10), esprimibile in C come `1e-10`. Le funzioni `sin()`, `cos()`, `fabs()` (questa è la funzione che ritorna il valore assoluto di un double) sono disponibili nella libreria `math.h`.

3.6 Esercizio – cerca-primo

Nel file `cerca.c` implementare la definizione della funzione:

```
extern char *cerca_primo (char *s, const char *list);
```

La funzione accetta come parametro una stringa zero terminata in cui cercare caratteri e una sequenza di caratteri (anch'essa zero terminata) e deve restituire un puntatore alla prima occorrenza in s di un qualsiasi carattere presente in `list`. Ad esempio se cercassimo in s="aereo" un carattere nella lista list="fyr" dovrebbe ritornare un puntatore al carattere in posizione 2 della stringa s, ovvero la r. Nel caso il carattere non sia presente, oppure se s o list sono vuote, deve ritornare `NULL`. s e `list` non sono mai puntatori `NULL`.

3.7 Esercizio – formato-ishex

Nel file `formato.c` definire la funzione corrispondente alla seguente dichiarazione:

```
extern int is_hex(const char *s);
```

La funzione accetta una stringa zero terminata e deve verificare se rispetta il formato di un numero espresso in esadecimale in linguaggio C. Un numero esadecimale corretto in C inizia con i due caratteri `0x` o `0X` seguiti da 1 a 8 cifre esadecimali, ovvero uno tra i caratteri `0`, `1`, `2`, `3`, `4`, `5`, `6`, `7`, `8`, `9`, `a`, `b`, `c`, `d`, `e`, `f`, `A`, `B`, `C`, `D`, `E`, `F`, cioè numeri o lettere da A a F minuscole o maiuscole. La funzione ritorna 1 se il formato è corretto, 0 se il puntatore è `NULL`, o se la stringa non rispetta il formato indicato. Ad esempio la stringa `"0x12f4"` rispetta il formato, mentre `"12f4"` o `"0xciao"` o `"0x"` o `"0Yabc"` o `"0x123456789"` no.

3.8 Esercizio – parole-conta

Nel file `conta.c` implementare la definizione della funzione:

```
extern size_t conta_parole (const char *s);
```

La funzione accetta come parametro una stringa zero terminata e deve restituire in un dato di tipo `size_t` quante parole sono presenti all'interno della stringa, dove con "parola" intendiamo una sequenza di caratteri diversi da spazio.

3.9 Esercizio – encrypt

Creare il file `encrypt.c` che contenga la definizione della seguente funzione:

```
extern void encrypt(char *s, unsigned int n);
```

La funzione accetta una sequenza s di n char e la codifica sostituendo ad ogni char il suo valore trasformato con uno XOR bit a bit con il valore esadecimale AA. Per le proprietà dello XOR, l'operazione è invertibile, quindi riapplicando la funzione sulla sequenza codificata si riottiene quella originale.

3.10   Esercizio – itob

Nel file `conversione.c` implementare la definizione della seguente funzione:

```
extern void itob(unsigned int x, char *sz, size_t n);
```

La funzione accetta un numero intero `x` e deve riempire la stringa C (deve essere zero terminata) all'indirizzo `sz` con la rappresentazione binaria di `x` a `n` bit in formato testo (ovvero i caratteri `'0'` e `'1'`). Ad esempio chiamando la funzione con `x=10` e `n=8` deve riempire la stringa `sz` con `"00001010"`. Il puntatore `sz` punta ad un'area di memoria già allocata e grande a sufficienza per contenere `n` caratteri più il terminatore.

3.11   Esercizio – histo

Nel file `histo.c` implementare la definizione della funzione:

```
extern void histogram(const char *values, size_t n);
```

La funzione accetta come parametro `values`, un puntatore ad una zona di memoria contenente un vettore di valori numerici interi da 0 a 127 e un dato di tipo `size_t` che ne indica la dimensione `n`.

La funzione, per ogni valore, invia su standard output una sequenza di tanti caratteri `*` quanto è il valore in esame, seguita da un `<a capo>`.

Ad esempio, chiamando la funzione con `values={1,2,3}` e `n=3`, sul file troveremmo:

```
*
**
***
```

una sorta di istogramma orizzontale corrispondente ai valori contenuti in `values`. Se `values` è `NULL` o `n=0`, la funzione non invia nulla in output.

3.12   Esercizio – matrix-isupper

Una matrice quadrata `A` si dice triangolare alta se:

$$(a_i^j \neq 0) \Rightarrow (i \leq j)$$

In altri termini, `A` è triangolare alta se tutti gli elementi "al di sotto" della sua diagonale principale sono nulli.

Creare i file `matrix.h` e `matrix.c` che consentano di utilizzare la seguente struttura:

```
struct matrix {
    size_t rows,cols;
    double *data;
};
```

e la funzione:

```
extern int mat_isupper(const struct matrix *matr);
```

La struct consente di rappresentare matrici di dimensioni arbitraria, dove `rows` è il numero di righe, `cols` è il numero di colonne e data è un puntatore a `rows×cols` valori di tipo double memorizzati per righe. Consideriamo ad esempio la matrice

$$A = \begin{pmatrix} 1 & 2 & 3 \\ 4 & 5 & 6 \end{pmatrix}$$

questo corrisponderebbe ad una variabile `struct matrix A`, con `A.rows = 2`, `A.cols = 3` e `A.data` che punta ad un area di memoria contenente i valori { 1.0, 2.0, 3.0, 4.0, 5.0, 6.0 }.

La funzione accetta come parametro un puntatore ad una matrice e deve ritornare 1 se la matrice è quadrata e triangolare alta, 0 altrimenti. Il puntatore non sarà mai `NULL`.

3.13 Esercizio – matrix-swapcols

Creare i file `matrix.h` e `matrix.c` che consentano di utilizzare la seguente struttura:

```
struct matrix {
    size_t rows,cols;
    double *data;
};
```

e la funzione:

```
extern void mat_swapcols(struct matrix *mat, size_t c1, size_t c2);
```

La struct consente di rappresentare matrici di dimensioni arbitraria, dove `rows` è il numero di righe, `cols` è il numero di colonne e data è un puntatore a `rows×cols` valori di tipo double memorizzati per righe. Consideriamo ad esempio la matrice

$$A = \begin{pmatrix} 1 & 2 & 3 \\ 4 & 5 & 6 \end{pmatrix}$$

questo corrisponderebbe ad una variabile `struct matrix A`, con `A.rows = 2`, `A.cols = 3` e `A.data` che punta ad un area di memoria contenente i valori { 1.0, 2.0, 3.0, 4.0, 5.0, 6.0 }.

La funzione accetta come parametro un puntatore ad una matrice e due indici di colonna (le colonne sono numerate a partire da 0). La funzione deve scambiare le colonne in posizione `c1` e `c2`. Il puntatore alla matrice non sarà mai `NULL` e `c1` e `c2` saranno sempre indici validi per la matrice.

3.14 Esercizio – matrix-swaprows

Creare i file `matrix.h` e `matrix.c` che consentano di utilizzare la seguente struttura:

```
struct matrix {
    size_t rows,cols;
    double *data;
};
```

e la funzione:

```
extern void mat_swaprows(struct matrix *mat, size_t r1, size_t r2);
```

La struct consente di rappresentare matrici di dimensioni arbitraria, dove rows è il numero di righe, cols è il numero di colonne e data è un puntatore a rows×cols valori di tipo double memorizzati per righe. Consideriamo ad esempio la matrice

$$A = \begin{pmatrix} 1 & 2 & 3 \\ 4 & 5 & 6 \end{pmatrix}$$

questo corrisponderebbe ad una variabile struct matrix A, con A.rows = 2, A.cols = 3 e A.data che punta ad un area di memoria contenente i valori { 1.0, 2.0, 3.0, 4.0, 5.0, 6.0 }.

La funzione accetta come parametro un puntatore ad una matrice e due indici di riga (le righe sono numerate a partire da 0). La funzione deve scambiare le righe in posizione r1 e r2. Il puntatore alla matrice non sarà mai NULL e r1 e r2 saranno sempre indici validi per la matrice.

3.15   Esercizio – matrix-diag

Creare i file matrici.h e matrici.c che consentano di utilizzare la seguente funzione:

```
extern double *diag (double *matr, size_t n);
```

La funzione accetta come parametro matr, un puntatore ad una zona di memoria contenente una matrice quadrata di lato n (il secondo parametro), memorizzata per righe, ovvero contenente $n \cdot n$ elementi dei quali i primi n sono la prima riga, i successivi n la seconda e così via.

La funzione deve ritornare un puntatore ad una nuova zona di memoria (allocata dinamicamente nell'heap) contenente gli elementi della diagonale principale di matr.

Ad esempio, se matr puntasse alla matrice:

$$\begin{pmatrix} 1 & 2 & 3 \\ 4 & 5 & 6 \\ 7 & 8 & 9 \end{pmatrix}$$

(con n=3) ovvero ad una zona di memoria contenente i valori 1, 2, 3, 4, 5, 6, 7, 8, 9, la funzione dovrebbe ritornare un puntatore ad una zona di memoria grande 3 double contenente i valori 1, 5, 9.

La dimensione della matrice non può essere vincolata nel codice.

3.16 Esercizio – decode

Creare i file `decode.h` e `decode.c` che consentano di utilizzare la seguente funzione:

```
extern void decode(FILE *f);
```

La funzione accetta un puntatore a `FILE` aperto in lettura in modalità tradotta (testo) e deve decodificare il contenuto criptato e inviare la decodifica su `stdout`. La decodifica utilizza le seguenti regole:

1. se il prossimo carattere è `'1'`, `'2'`, `'3'`, `'4'`, `'5'`, `'6'`, `'7`, `'8'` o `'9'`, devo leggere un altro carattere e inviarlo in output 1, 2, 3, 4 ,5, 6, 7, 8 o 9 volte, rispettivamente;
2. altrimenti lo invio direttamente in output.

Ad esempio, se nel file passato in ingresso si trova:

```
3*a4c
```

In output otterremo:

```
***acccc
```

Ancora, se nel file passato in ingresso si trova:

```
9=23abc↵
def3n
```

In output otterremo:

```
=========33abc↵
defnnn
```

File di supporto

```
file1.txt
file2.txt
file3.txt
file4.txt
```

3.17 Esercizio – disegni-capsula

Nel file `capsula.c` implementare la definizione della funzione:

```
extern void capsula(FILE *f, unsigned char n);
```

La funzione deve scrivere sul file `f` (che viene passato già aperto in modalità tradotta e in scrittura) una capsula ottagonale di lato `n`, come le seguenti:

```
n = 1

 _
/ \
| |
\_/
```

```
n = 2
```

n sarà sempre maggiore di 0. Si ricorda che in C il carattere \ deve essere inserito come '\\'.

3.18 Esercizio – disegni-cono

Nel file `cono.c` implementare la definizione della funzione:

```
extern void stampa_cono (unsigned int h);
```

La funzione deve inviare a `stdout` un cono composto di due caratteri '_' alla base, caratteri '\' e '/' sulle diagonali e un altro '_' sulla punta. Il parametro `h` (che sarà sempre maggiore di zero) regola l'altezza del cono, ovvero il numero di coppie di barre diagonali (un cono occuperà `h+1` righe). Ad esempio chiamando la funzione con `h=1`, la funzione deve inviare su `stdout`:

Chiamando la funzione con `h=3`, la funzione deve inviare su `stdout`:

Si ricorda che in C il carattere \ deve essere inserito come '\\'.

3.19 Esercizio – disegni-croce-romana

Nel file `croceromana.c` implementare la definizione della funzione:

```
extern void croceromana(FILE *f, unsigned char n);
```

La funzione deve scrivere sul file `f` (che viene passato già aperto in modalità tradotta e in scrittura) una croce romana, rappresentata con i simboli ASCII. Il parametro `n` indica la lunghezza del braccio superiore, mentre gli altri bracci saranno lunghi il doppio:

```
n = 1
  |
--+--
  |
  |
```

```
n = 2
    |
    |
----+----
    |
    |
    |
    |
```

n sarà sempre maggiore di 0.

3.20 Esercizio – disegni-cross

Nel file `cross.c` implementare la definizione della funzione:

```
extern void stampa_cross (unsigned int n);
```

La funzione deve inviare a `stdout` una X composta da un carattere `'x'` al centro e caratteri `'\'` e `'/'` sulle diagonali. Ogni semi-diagonale deve essere composta di n caratteri. Ad esempio chiamando la funzione con n=0, la funzione deve inviare su `stdout` solo il centro:

x

Chiamando la funzione con n=2, la funzione deve inviare su stdout:

```
\   /
 \ /
  x
 / \
/   \
```

3.21 Esercizio – disegni-quadrati

Creare i file `quadrati.h` e `quadrati.c` che consentano di utilizzare la seguente funzione:

```
extern void stampa_quadrato (unsigned int lato);
```

La funzione deve inviare a `stdout` un quadrato composto da un contorno di asterischi e riempito di spazi di lato `lato`. Ad esempio chiamando la funzione con `lato=5`, la funzione deve inviare su `stdout` il seguente output:

```
*****
*   *
*   *
*   *
*****
```

3.22   Esercizio – alterna

Creare i file `alterna.h` e `alterna.c` che consentano di utilizzare la seguente funzione:

```
extern char *alterna (const char *s1, const char *s2);
```

La funzione accetta come parametri due stringhe zero terminate e deve restituire un puntatore ad una nuova stringa zero terminata (allocata dinamicamente nell'heap) formata dall'alternarsi dei caratteri della prima e della seconda stringa. Se le stringhe non hanno la stessa lunghezza, la nuova stringa terminerà con i caratteri rimasti della stringa più lunga. Ad esempio, date le stringhe `"prova"` e `"1234567"` la funzione deve ritornare la stringa `"p1r2o3v4a567"`.

3.23   Esercizio – stringhe-rimuovi-multipli

Creare il file `stringhe.c` che consenta di utilizzare la seguente funzione:

```
extern char *rimuovimultipli(const char *str);
```

La funzione accetta una stringa zero terminata e ritorna un'altra stringa zero terminata, allocata dinamicamente nell'heap. La funzione deve creare una nuova stringa a partire da `str`, in cui tutte le sequenze di caratteri consecutivi ripetuti siano sostituiti da una singola occorrenza del carattere. Se `str` è `NULL`, la funzione deve ritornare `NULL` (e quindi non allocare memoria). Se `str` è vuota, la funzione ritorna una stringa vuota.

Ad esempio:

```
str: "doppie"
stringa ritornata: "dopie"

str: "multttttttttttttipli!!!!!!!!!"
stringa ritornata: "multipli!"
```

3.24   Esercizio – trim

Creare il file `trim.c` che consenta di utilizzare la seguente funzione:

```
extern char *trim(const char *s);
```

La funzione accetta una stringa zero terminata e ritorna un'altra stringa zero terminata, allocata dinamicamente nell'heap, contenente i caratteri della stringa in ingresso, senza tutti gli spazi iniziali e finali. La funzione deve ritornare `NULL` (e quindi non allocare memoria) se `s` è `NULL`. Ad esempio:

```
"senza spazi" -> "senza spazi"
" prima"      -> "prima"
"dopo   "     -> "dopo"
" a b "       -> "a b"
"   "         -> ""
```

3.25 Esercizio – unici

Nel file `stringhe.c` implementare la definizione della seguente funzione:

```
extern char *unici(const char *s);
```

La funzione accetta una stringa C (zero terminata) e ritorna una stringa C allocata dinamicamente sull'heap, contenente tutti i caratteri della stringa s presi una sola volta, nell'ordine con cui appaiono in s. Ad esempio data la stringa s="ciao casa", la funzione deve ritornare "ciao s". Infatti, scorrendo s, incontriamo prima 'c', poi 'i', poi 'a', poi 'o', poi ' '. Nessuno di questi è già stato visto. Poi incontriamo 'c', ma questo carattere è già stato incontrato e quindi non viene concatenato alla stringa di ritorno. Lo stesso succede per 'a', poi si incontra 's' e viene mandato in output. Infine troviamo ancora 'a' e di nuovo lo ignoriamo.

Il puntatore ritornato deve puntare ad un'area di memoria grande esattamente il numero di byte necessari a contenere i caratteri unici e il terminatore. s non sarà mai NULL.

3.26 Esercizio – accoda-tuttifile

Nel file `accoda.c` implementare la definizione della seguente funzione:

```
extern int accodaTuttiFile(const char *fileConNomi, const char *fileOutput);
```

La funzione accetta due puntatori a stringhe C (zero terminate) contenenti due nomi di file. `fileConNomi` deve essere aperto in modalità lettura tradotta (testo), mentre `fileOutput` deve essere aperto in modalità scrittura non tradotta (binario).

`fileConNomi` contiene un elenco di nomi di file separati da ritorno a capo, ad esempio es5_elenco.txt contiene:

```
file0001.txt↵
file0002.txt↵
file numero 3.txt↵
file0004.txt↵
file0005.txt↵
ultimo.txt
```

Ogni file elencato deve essere aperto in modalità lettura non tradotta (binario) e l'intero contenuto, byte per byte, deve essere copiato in coda al file di output creato all'inizio. Dopo di che si chiude il file letto e si passa al successivo.

I nomi di file sono lunghi al massimo 255 caratteri. Se un file dell'elenco non si può aprire, si prosegue col successivo. La funzione ritorna il numero di file concatenati con successo.

> la funzione `fgets()` legge tutti i caratteri di un file fino al primo <a capo> o fino alla fine del file. Nella stringa C letta, è quindi compreso, se presente, il carattere <a capo>. L'eventuale <a capo> non è parte del nome del file e quindi deve essere rimosso.

File di supporto

```
elenco.txt
file numero 3.txt
file0001.txt
file0002.txt
file0005.txt
ultimo.txt
```

3.27   Esercizio – count-teenagers

Per risolvere questo esercizio, è utile sfruttare la soluzione dell'Esercizio 2.22.

Nel file `countteenager.c`, si definisca la struttura:

```c
struct person {
    char name[256];
    unsigned int age;
};
```

contenente il campo `name` che indica il nome della persona e il campo `age` che ne indica l'età. Nello stesso file si realizzi la funzione seguente:

```c
size_t count_teenagers (FILE *f);
```

La funzione accetta come parametro un file aperto in modalità lettura tradotta (testo) strutturato come segue:

```
<Numero persone><a capo>
<Nome persona1><spazio><Età persona 1><a capo>
<Nome persona2><spazio><Età persona 2><a capo>
...
<Nome persona N><spazio><Età persona N><a capo>
```

La funzione deve ritornare il numero di teenager (età compresa tra 13 e 19 anni) presenti nell'elenco di persone. Un esempio di file è il seguente (`people1.txt`):

```
7↵
Tizio 21↵
Caio 15↵
Sempronio 51↵
Michele 89↵
Pino 19↵
Merlino 16↵
Anacleto 65↵
```

In questo caso la funzione deve ritornare 3.

File di supporto

```
people1.txt
people2.txt
```

3.28   Esercizio – read-file

Creare i file `read_file.h` e `read_file.c` che contengano la definizione

`typedef unsigned char byte;`

e consentano di utilizzare la seguente funzione:

`extern byte *read_file(const char *szFileName, size_t *cb);`

La funzione accetta come parametro un nome di file che deve essere aperto in lettura in modalità non tradotta (binario) e un puntatore ad una variabile di tipo `size_t` in cui si dovrà inserire il numero di byte letti dal file. La funzione deve ritornare un puntatore ad una nuova zona di memoria (allocata dinamicamente nell'heap) contenente tutti i byte letti dal file. La dimensione del file non è nota a priori e non può essere vincolata dal codice.

File di supporto

```
aip.txt
prova.txt
```

3.29   Esercizio – merge-vettori

Creare i file `vettori.h` e `vettori.c` che consentano di utilizzare la seguente struttura:

```
struct vettore {
    size_t n;
    double *data;
};
```

e la funzione:

```
extern struct vettore* mergeVettori(const struct vettore*a,
    const struct vettore*b);
```

Il campo `n` della struct vettore indica la lunghezza del vettore, `data` è invece il puntatore ai dati.

La funzione accetta come parametri due puntatori a `const struct vettore` a e b e deve creare un nuovo vettore, allocato dinamicamente sull'heap, che sia la concatenazione dei vettori a e b. Il campo `n` sarà quindi modificato opportunamente e il campo data dovrà puntare ad un'area di memoria allocata dinamicamente sull'heap contenente gli elementi di a e b concatenati. I puntatori a e b non saranno mai `NULL`, ma potranno puntare a vettori con 0 elementi.

3.30   Esercizio – matrix-write

Creare i file `matrix.h` e `matrix.c` che consentano di utilizzare la seguente struttura:

```
struct matrix {
    size_t rows, cols;
    double *data;
};
```

e la funzione:

```
extern void matrix_write(const struct matrix *matr, FILE *f);
```

La struct consente di rappresentare matrici di dimensioni arbitraria, dove `rows` è il numero di righe, `cols` è il numero di colonne e data è un puntatore a `rows×cols` valori di tipo `double` memorizzati per righe. Consideriamo ad esempio la matrice

$$A = \begin{pmatrix} 1 & 2 & 3 \\ 4 & 5 & 6 \end{pmatrix}$$

questo corrisponderebbe ad una variabile `struct matrix A`, con `A.rows = 2`, `A.cols = 3` e `A.data` che punta ad un area di memoria contenente i valori { `1.0, 2.0, 3.0, 4.0, 5.0, 6.0` }.

La funzione deve scrivere la matrice `matr` sul file `f` (già aperto) in formato testuale decimale inviando il valore di `rows` seguito da `<a capo>`, il valore di `cols` seguito da `<a capo>`, i valori della matrice separati da `<tabulazione>` (`'\t'` in linguaggio C) all'interno della riga e con un `<a capo>` alla fine di ogni riga (compresa l'ultima).

Facendo riferimento all'esempio precedente, A verrebbe scritta come

```
2↵
3↵
1.000000   →   2.000000   →   3.000000↵
4.000000   →   5.000000   →   6.000000↵
```

Il puntatore alla matrice non sarà mai `NULL`.

3.31   Esercizio – capovolgi

Nel file `capovolgi.c` implementare la definizione della seguente funzione:

```
extern int capovolgi(const char *filein, const char *fileout);
```

La funzione accetta due nomi di file come stringhe C e deve aprire `filein` in lettura in modalità non tradotta (binaria) e `fileout` in scrittura in modalità non tradotta (binaria). La funzione deve copiare tutti i caratteri del file `filein` nel file `fileout`, ma in ordine inverso. Ad esempio se il file `filein` contiene i seguenti byte (rappresentati in esadecimale nel seguito):

```
AA BB FF AA BB CC
```

il file `fileout` dovrà contenere:

```
CC BB AA FF BB AA
```

La funzione ritorna 0 se non riesce ad aprire uno dei due file, 1 altrimenti.

File di supporto

```
file1
file2
file3.sdf
```

3.32 Esercizio – matrix-matcopy

Creare i file `matrix.h` e `matrix.c` che consentano di utilizzare la seguente struttura:

```
struct matrix {
    size_t rows,cols;
    double *data;
};
```

e la funzione:

```
extern struct matrix *mat_copy(const struct matrix *mat);
```

La struct consente di rappresentare matrici di dimensioni arbitraria, dove `rows` è il numero di righe, `cols` è il numero di colonne e data è un puntatore a `rows×cols` valori di tipo double memorizzati per righe. Consideriamo ad esempio la matrice

$$A = \begin{pmatrix} 1 & 2 & 3 \\ 4 & 5 & 6 \end{pmatrix}$$

questo corrisponderebbe ad una variabile `struct matrix A`, con `A.rows = 2`, `A.cols = 3` e `A.data` che punta ad un area di memoria contenente i valori `{ 1.0, 2.0, 3.0, 4.0, 5.0, 6.0 }`.

La funzione accetta come parametro un puntatore ad una matrice e deve ritornare una nuova matrice, allocata dinamicamente sull'heap, con le stesse dimensioni e con lo stesso contenuto, ovvero una copia della matrice. Il puntatore `mat` non sarà mai `NULL`.

3.33 Esercizio – sample-leggi-scrivi

Creare i file `sample.h` e `sample.c` che consentano di utilizzare la seguente struttura:

```
struct sample{
    int idSample;
    char nomeCategoria[20];
    double accuracy;
};
```

e le funzioni:

```
extern int sample_scrivi(FILE* f, const struct sample* s);
extern int sample_leggi(FILE* f, struct sample* s);
```

Entrambe le funzioni lavorano con file binari in cui ogni sample è salvato come: 1) un intero a 32 bit in little endian che contiene l'`idSample` 2) un array di 20 byte contenenti il `nomeCategoria` come stringa zero terminata (al massimo avrà 19 caratteri) 3) un numero in virgola mobile a 64 bit codificato secondo il formato IEEE 754 contenente l'`accuracy`.

Entrambe le funzioni accettano un puntatore a `FILE` aperto in scrittura/lettura in modalità non tradotta (binaria) e un puntatore ad un sample da scrivere o da leggere. Le funzioni ritornano 1 se sono riuscite a scrivere o leggere un intero sample correttamente, 0 altrimenti. In particolare `sample_leggi` ritorna 0 se raggiunge la fine del file prima di aver letto interamente il sample (viene utilizzato per sapere se nel file non ci sono più sample).

3.34 Esercizio – fgetsmalloc

Creare i file `lettura.h` e `lettura.c` che consentano di utilizzare la seguente funzione:

```
extern char *fgets_malloc(FILE *f);
```

La funzione accetta un puntatore a `FILE` aperto in lettura in modalità tradotta (testo) e deve leggere tutti i caratteri fino al primo a capo o fino alla fine del file. La funzione ritorna una stringa zero terminata allocata dinamicamente nell'heap, contenente i caratteri letti. Il carattere a capo, se presente, non deve essere inserito nella stringa ritornata. Se quindi viene letta una riga contenente solo il carattere a capo, la funzione ritorna un puntatore ad un'area di memoria grande 1 byte contenente solo il terminatore (una stringa con zero caratteri). Se invece la funzione non riesce a leggere nessun carattere (la prima lettura ritorna `EOF`), la funzione ritorna `NULL`, non allocando quindi nulla. Questo segnala che la lettura è fallita.

Non è possibile utilizzare `rewind()` in questa funzione (perché non è detto che venga eseguita a partire dall'inizio del file), né fare assunzioni sulla massima dimensione della stringa letta.

File di supporto

```
file1.txt
file2.txt
file3.txt
```

3.35 Esercizio – vettore-leggi

Creare i file `vettori.h` e `vettori.c` che consentano di utilizzare la seguente struttura:

```
struct vettore {
    unsigned char size;
    double *data;
};
```

e la funzione:

```
extern int vettore_leggi(FILE* f, struct vettore* v);
```

La funzione lavora con file binari in cui ogni vettore è salvato come:

1. un intero senza segno a 8 bit (chiamiamolo N) che contiene il numero di elementi del vettore
2. N numeri in virgola mobile a 64 bit in little endian, codificati secondo il formato IEEE 754

Ad esempio il file `vettori1.bin`, visto in un editor esadecimale (come HxD) contiene:

```
Offset(h) 00 01 02 03 04 05 06 07 08 09 0A 0B 0C 0D 0E 0F
00000000  04 00 00 00 00 00 00 F0 3F 00 00 00 00 00 00 00
00000010  40 00 00 00 00 00 00 08 40 00 00 00 00 00 00 10
00000020  40
```

ovvero un solo vettore di 4 elementi con i valori 1, 2, 3 e 4.

La funzione accetta un puntatore a `FILE` aperto in lettura in modalità non tradotta (binaria) e un puntatore ad una struct vettore e deve leggere il prossimo vettore contenuto nel file. La funzione ritorna 1 se è riuscita a leggere un intero vettore correttamente, 0 altrimenti. In particolare `vettore_leggi` ritorna 0 se raggiunge la fine del file prima di aver letto interamente il vettore (viene utilizzato per sapere se nel file non ci sono più vettori). Non è possibile utilizzare `rewind()` in questa funzione (perché non è detto che venga eseguita a partire dall'inizio del file).

File di supporto

vettori1.bin
vettori2.bin
vettori3.bin

Capitolo 4

Esercizi avanzati

4.1 Esercizio – frazioni-somma

Creare i file `razionali.h` e `razionali.c` che consentano di utilizzare la seguente struttura:

```
struct fraz {
    int num;
    unsigned int den;
};
```

e la funzione:

```
extern void fr_somma(struct fraz *ris, const struct fraz *a,
  const struct fraz*b);
```

Queste definizioni fanno parte di una libreria per il calcolo con i numeri razionali. I campi `num` e `den` di `struct fraz`, rappresentano rispettivamente il numeratore e il denominatore di una frazione. La somma di frazioni, come noto, si può calcolare così:

$$\frac{n_1}{d_1} + \frac{n_2}{d_2} = \frac{n_1 \cdot d_2 + n_2 \cdot d_1}{d_1 \cdot d_2}$$

La funzione `fr_somma` effettua la somma tra le due frazioni puntate da `a` e `b` e mette il risultato nella frazione puntata da `ris`. Il risultato deve essere ridotto ai minimi termini, ovvero numeratore e denominatore non devono avere divisori comuni oltre all'unità.

Per ottenere una frazione ai minimi termini, si possono dividere numeratore e denominatore per il loro massimo comune divisore.

Se ad esempio vogliamo calcolare $\frac{1}{2} + \frac{1}{2}$, con la formula precedente otteniamo $\frac{1 \cdot 2 + 1 \cdot 2}{2 \cdot 2} = \frac{4}{4}$. La funzione deve ritornare la frazione ridotta ai minimi termini, ovvero $\frac{1}{1}$.

4.2 Esercizio – ricerca-binaria

Nel file `ricerca.c` implementare la definizione della funzione:

```
extern int ricerca_binaria(const int *v, size_t n, int x);
```

La funzione accetta un puntatore ad un vettore v di interi, contenente n elementi e deve ricercare il valore x nel vettore. Il vettore è ordinato dal valore più piccolo al valore più grande. Se l'elemento è presente nel vettore, la funzione ritorna l'indice dell'elemento nel vettore, altrimenti ritorna -1. Se l'elemento è presente più volte, l'indice sarà quello di uno qualsiasi degli elementi con il valore x.

La particolarità di questa funzione è che la ricerca avviene in modo dicotomico. Questo vuol dire che si definisce un intervallo di ricerca [primo,ultimo] (all'inizio primo sarà 0 e ultimo sarà n-1). Da questo si calcola il punto medio m (arrotondando all'intero inferiore). Se la posizione m contiene il valore cercato, la funzione termina (abbiamo infatti trovato il valore x in posizione m). Altrimenti si verifica se x può essere a sinistra (valori minori) o a destra (valori maggiori) di m. Nel primo caso l'intervallo diventa [primo,m-1], nel secondo caso diventa [m+1,ultimo]. Quindi la ricerca continua in modo analogo sul nuovo intervallo. Se durante la ricerca primo diventa maggiore di ultimo, x non è presente nel vettore.

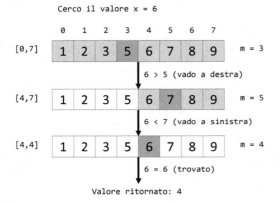

4.3   Esercizio – stringhe-sostituisci

Creare il file stringhe.c che consenta di utilizzare la seguente funzione:

```
extern char *sostituisci(const char *str, const char *vecchia, const char *nuova);
```

La funzione accetta tre stringhe zero terminate e ritorna un'altra stringa zero terminata, allocata dinamicamente nell'heap. La funzione deve creare una nuova stringa uguale a str, in cui tutte le occorrenze di vecchia siano sostituite da nuova. Se str, vecchia o nuova sono NULL, la funzione deve ritornare NULL (e quindi non allocare memoria). Se str è vuota, la funzione ritorna una stringa vuota. Se vecchia è vuota, la funzione ritorna una copia di str (non sostituisce nulla). Se nuova è vuota, la funzione eliminerà le occorrenze di vecchia.

Ad esempio:

```
str: "qui cambia la parola cambia"
vecchia: "cambia"
nuova: "sostituisci"
stringa ottenuta: "qui sostituisci la parola sostituisci"
```

4.4 Esercizio – parola-piu-lunga

Nel file `stringhe.c` implementare la definizione della funzione:

```
extern char *parola_piu_lunga(const char *sz);
```

La funzione accetta come parametro una stringa zero terminata e deve restituire un puntatore ad una nuova stringa zero terminata (allocata dinamicamente nell'heap) contenente una copia della parola più lunga presente all'interno della stringa `sz`, dove con "parola" intendiamo una sequenza contigua di caratteri diversi da spazio. Se ci sono più parole della lunghezza massima, la funzione ritorna la prima incontrata.

4.5 Esercizio – accoda-cifra

Creare i file `stringhe.h` e `stringhe.c` che consentano di utilizzare la seguente funzione:

```
extern void accodaCifra(char **vs, unsigned char n);
```

La funzione accetta come parametro un puntatore a puntatore a `char` `vs` e un numero intero senza segno `n`. `vs` punta a un vettore di 3 vettori di `char` zero terminati. `n` sarà sempre compreso tra 0 e 9 inclusi.

Di seguito viene definito il formato per rappresentare una cifra come su un display a sette segmenti. Ogni cifra è rappresentata da 3 righe di 3 caratteri ciascuna, ad esempio il numero 8 è rappresentato come:

```
 _
|_|
|_|
```

La funzione `accodaCifra()` deve aggiungere in coda ai 3 vettori di `char` puntati da `vs` i caratteri necessari per rappresentare la cifra `n`, considerando che i 3 vettori rappresentano le 3 righe di un output testuale. Chiamando la funzione `accodaCifra()` una volta per ogni cifra (dieci volte quindi), il contenuto dei 3 vettori puntati da `vs` sarà:

```
    _  _     _  _  _  _  _
| |  | _| _||_||_ |_   ||_||_|
|_| ||_ _|  | _||_|  ||_| _|
```

Nota: I 3 vettori puntati da `vs` sono allocati dal chiamante e saranno sempre lunghi abbastanza per contenere tutti i caratteri necessari (nessuna allocazione di memoria è richiesta nella funzione `accodaCifra()`).

4.6 Esercizio – trova-piu-lontani

Creare i file `punti.h` e `punti.c` che consentano di utilizzare la seguente struttura:

```
struct punto3d {
    double coord[3];
};
```

e la funzione:

```
extern int trova_piu_lontani(const struct punto3d *punti, size_t n, size_t *p1,
    size_t *p2);
```

La funzione riceve in ingresso un puntatore ad un vettore di struct punto3d, il numero di elementi del vettore e due puntatori a variabili di tipo size_t. La funzione deve confrontare tutti con tutti i punti del vettore trovando la coppia di punti più distanti secondo la distanza euclidea. Le variabili puntate da p1 e p2 devono essere impostate agli indici dei due punti più distanti. Se ci sono meno di due punti, la funzione deve ritornare 0, altrimenti 1. Ad esempio, dati i punti (4,4,4), (5,5,5), (6,6,6), bisogna ritornare 1 e mettere nelle variabili puntate da p1 e p2 i valori 0 e 2, ovvero gli indici del primo e del terzo punto.

4.7   Esercizio – disegni-istogramma

Nel file istogramma.c implementare la definizione della seguente funzione:

```
extern void disegna(uint8_t* h, size_t n, FILE* fout);
```

La funzione accetta un puntatore ad un vettore di interi senza segno a 8 bit h, il numero di elementi presenti nel vettore n e un puntatore a file aperto in modalità scrittura tradotta (testo) fout.

Di seguito viene dettagliato il formato per disegnare un istogramma di interi utilizzando caratteri ASCII. Dato un vettore di N interi, occorre disegnare N barre verticali in cui l'elemento in posizione i rappresenta l'altezza della i-esima barra verticale. Le barre verticali sono composte dal carattere '|', gli spazi vuoti saranno riempiti col carattere .

Ad esempio, dato il vettore di interi:

1,2,3,4,5

La rappresentazione come istogramma scritta su file sarà:

```
    |
   ||
  |||
 ||||
|||||
```

Il numero di righe scritte sul file dipenderà dal valore massimo presente nel vettore. Infatti, dato il vettore:

1,2,3,1,2,3

La rappresentazione come istogramma scritta su file sarà:

```
  |  |
 || ||
||||||
```

Composta quindi da 3 righe (perché il valore massimo è 3) di 6 caratteri ciascuna più un a capo (perché 6 è il numero di elementi). Se un elemento vale 0 al posto della barra occorrerà scrivere uno <spazio>. Ad esempio, dato il vettore:

5,0,5,0,1,10

La rappresentazione come istogramma scritta su file sarà:

Quindi con due spazi nel secondo e quarto elemento. Il puntatore h non sarà mai NULL e punterà sempre ad almeno un elemento.

4.8 Esercizio – stringhe-scrivi

Creare i file `stringhe.h` e `stringhe.c` che consentano di utilizzare la seguente funzione:

```
extern void stringhe_scrivi(const char *filename, const char **vs, size_t n);
```

La funzione accetta il nome di un file da aprire in scrittura in modalità non tradotta (binaria) e un puntatore ad un vettore vs di n puntatori a stringhe zero terminate (ogni stringa può avere lunghezza arbitraria). La funzione deve scrivere i caratteri delle stringhe sul file includendo anche il terminatore dopo ognuna. vs non è mai NULL e tutti i suoi elementi non sono NULL.

4.9 Esercizio – matrix-matreplica

Creare i file `matrix.h` e `matrix.c` che consentano di utilizzare la seguente struttura:

```
struct matrix {
    size_t rows,cols;
    double *data;
};
```

e la funzione:

```
extern struct matrix *mat_replica(const struct matrix *a, int dir);
```

La struct consente di rappresentare matrici di dimensioni arbitraria, dove rows è il numero di righe, cols è il numero di colonne e data è un puntatore a rows×cols valori di tipo double memorizzati per righe. Consideriamo ad esempio la matrice

$$A = \begin{pmatrix} 1 & 2 & 3 \\ 4 & 5 & 6 \end{pmatrix}$$

questo corrisponderebbe ad una variabile `struct matrix A`, con `A.rows = 2`, `A.cols = 3` e `A.data` che punta ad un area di memoria contenente i valori { 1.0, 2.0, 3.0, 4.0, 5.0, 6.0 }.

La funzione accetta come parametro un puntatore a una matrice e deve ritornare una matrice allocata dinamicamente sull'heap ottenuta replicando la matrice in input orizzontalmente se dir=0, verticalmente altrimenti. Il puntatore alla matrice non sarà mai NULL.

Ad esempio, utilizzando la matrice A precedente, mat_replica(A,0) ritorna la matrice:

$$A = \begin{pmatrix} 1 & 2 & 3 & 1 & 2 & 3 \\ 4 & 5 & 6 & 4 & 5 & 6 \end{pmatrix}$$

mat_replica(A,1) ritorna la matrice:

$$A = \begin{pmatrix} 1 & 2 & 3 \\ 4 & 5 & 6 \\ 1 & 2 & 3 \\ 4 & 5 & 6 \end{pmatrix}$$

4.10   Esercizio – matrix-sommadiretta

Creare i file matrix.h e matrix.c che consentano di utilizzare la seguente struttura:

```
struct matrix {
    size_t rows,cols;
    double *data;
};
```

e la funzione:

```
extern struct matrix *mat_sommadiretta(const struct matrix *a, const struct matrix *b);
```

La struct consente di rappresentare matrici di dimensioni arbitraria, dove rows è il numero di righe, cols è il numero di colonne e data è un puntatore a rows×cols valori di tipo double memorizzati per righe. Consideriamo ad esempio la matrice

$$A = \begin{pmatrix} 1 & 2 & 3 \\ 4 & 5 & 6 \end{pmatrix}$$

questo corrisponderebbe ad una variabile struct matrix A, con A.rows = 2, A.cols = 3 e A.data che punta ad un area di memoria contenente i valori { 1.0,   2.0, 3.0, 4.0, 5.0, 6.0 }.

L'operazione di somma diretta tra la matrice A di dimensioni rowsA×colsA e la matrice B di dimensioni rowsB×colsB è la matrice di dimensioni (rowsA+rowsB)×(colsA+colsB) definita come:

$$A \oplus B = \begin{pmatrix} A & 0 \\ 0 & B \end{pmatrix}$$

Ad esempio:

$$\begin{pmatrix} 1 & 3 & 2 \\ 2 & 3 & 1 \end{pmatrix} \oplus \begin{pmatrix} 1 & 6 \\ 0 & 1 \end{pmatrix} = \begin{pmatrix} 1 & 3 & 2 & 0 & 0 \\ 2 & 3 & 1 & 0 & 0 \\ 0 & 0 & 0 & 1 & 6 \\ 0 & 0 & 0 & 0 & 1 \end{pmatrix}$$

La funzione accetta come parametro due puntatori a matrici e deve ritornarne la somma diretta, allocata dinamicamente sull'heap. I puntatori alla matrice non saranno mai NULL.

4.11   Esercizio – matrix-transpose

Creare i file matrix.h e matrix.c che consentano di utilizzare la seguente struttura:

```
struct matrix {
    size_t rows,cols;
    double *data;
};
```

e la funzione:

```
extern struct matrix *mat_transpose(const struct matrix *mat);
```

La struct consente di rappresentare matrici di dimensioni arbitraria, dove rows è il numero di righe, cols è il numero di colonne e data è un puntatore a rows×cols valori di tipo double memorizzati per righe. Consideriamo ad esempio la matrice

$$A = \begin{pmatrix} 1 & 2 & 3 \\ 4 & 5 & 6 \end{pmatrix}$$

questo corrisponderebbe ad una variabile struct matrix A, con A.rows = 2, A.cols = 3 e A.data che punta ad un area di memoria contenente i valori { 1.0, 2.0, 3.0, 4.0, 5.0, 6.0 }.

Si dice matrice trasposta di A la matrice A^T i cui elementi sono definiti come segue:

$$b_h^k = a_k^h$$

La matrice A^T si ottiene dunque semplicemente considerando come colonne le righe di A e viceversa. La trasposta della matrice precedente è

$$A^T = \begin{pmatrix} 1 & 4 \\ 2 & 5 \\ 3 & 6 \end{pmatrix}$$

La funzione accetta come parametro un puntatore ad una matrice e deve ritornarne la trasposta, allocata dinamicamente sull'heap. Il puntatore alla matrice non sarà mai NULL.

4.12   Esercizio – audio-read

Creare i file `audio.h` e `audio.c` che consentano di utilizzare la seguente struttura:

```
struct audio {
    size_t samples;
    short *left, *right;
};
```

e la funzione:

```
extern int audio_read(const char *filename, struct audio *a);
```

La funzione lavora con file audio campionati a 44100 Hz, stereo, in cui ogni campione è formato da 2 interi con segno a 16 bit memorizzati in little endian, il primo corrispondente al valore per il canale sinistro (`left`), il secondo per il canale destro (`right`).

Ad esempio il file `test.raw` contiene (ogni byte è espresso in esadecimale):

```
01 00 02 00 03 00 04 00 05 00 06 00 07 00 08 00 09 00 0A 00
campione 1 |campione 2 |campione 3 |campione 4 |campione 5
```

ovvero 5 campioni in cui i valori del canale sinistro sono 1, 3, 5, 7, 9 e quelli del canale destro sono 2, 4, 6, 8, 10.

La funzione accetta il nome di un file da aprire in lettura in modalità non tradotta (binaria) e un puntatore ad una `struct audio` e deve leggere l'intero contenuto del file. Il numero di campioni (`samples`) è dato dal numero di interi a 16 bit presenti nel file diviso due, dato che ci sono 2 interi per ogni campione (uno per `left` e uno per `right`). Nell'esempio precedente ci sono infatti 10 interi a 16 bit e i campioni sono 5. La funzione alloca dinamicamente una zona di memoria in grado di contenere i campioni per il canale sinistro e una per il canale destro e deve inserire i corrispondenti campioni nelle due aree allocate. Nell'esempio precedente quindi il campo `samples` della struttura puntata da `a` deve essere impostato a 5, `left` deve puntare ad un vettore di 5 `short` contenente { 1, 3, 5, 7, 9 } e `right` deve puntare ad un vettore di 5 `short` contenente { 2, 4, 6, 8, 10 }.

La funzione ritorna 1 se è riuscita ad aprire e leggere il file audio correttamente, 0 altrimenti.

File di supporto

```
audio.raw
test.raw
```

4.13   Esercizio – dati-read

Creare i file `compress.h` e `compress.c` che consentano di utilizzare la seguente struttura:

```
struct dati {
    size_t len;
    int *vals;
};
```

e la funzione:

```
extern int dati_read(const char *filename, struct dati *d);
```

La funzione lavora con file binari che contengono un vettore di numeri interi con segno, compresso utilizzando lo schema seguente: un byte indica il tipo del dato con la sua dimensione in byte, ovvero può valere:

- 1 se il numero è rappresentabile con 8 bit (da -128 a 127);
- 2 se il numero è rappresentabile con 16 bit, ma non con 8 (da -32768 a 32767);
- 4 se il numero è rappresentabile con 32 bit, ma non con 16.

Seguono poi tanti byte quanti specificati, contenenti il valore, in little endian.

Ad esempio il file `dati1.bin` contiene (ogni byte è espresso in esadecimale):

```
01 FF 01 30 02 D4 FE 02 88 13 04 90 EE FE FF 04 A0 BB 0D 00
val 1|val 2|  val 3 |  val 4 |    val 5   |    val 6
```

ovvero i 6 valori -1, 48, -300, 5000, -70000, 900000. Notare che i primi due stanno in un `char` e quindi sono preceduti da un 1, i secondi due in uno `short` e sono preceduti da un 2, gli altri in un `int` e sono preceduti da un 4.

La funzione accetta il nome di un file da aprire in lettura in modalità non tradotta (binaria) e un puntatore ad una `struct dati` e deve leggere l'intero contenuto del file. La funzione alloca dinamicamente una zona di memoria in grado di contenere i valori letti. Nell'esempio precedente quindi il campo `len` della struttura puntata da `d` deve essere impostato a 6 e `vals` deve puntare ad un vettore di 6 `int` contenente { -1, 48, -300, 5000, -70000, 900000 }. Il fatto che su file il numero sia rappresentato con un `char` o uno `short`, non importa nell'output. Tutti i valori letti vanno comunque inseriti nel vettore di output.

La funzione ritorna 1 se è riuscita ad aprire e leggere il file correttamente, 0 altrimenti.

File di supporto

```
dati1.bin
dati2.bin
```

4.14 Esercizio – complessi

Creare i file `complessi.h` e `complessi.c` che consentano di utilizzare la seguente struttura:

```
struct complesso {
    double re,im;
};
```

e le funzioni:

```
extern int read_complesso (struct complesso *comp, FILE *f);
extern void write_complesso (const struct complesso *comp, FILE *f);
extern void prodotto_complesso (struct complesso *comp1,
  const struct complesso *comp2);
```

La struct consente di rappresentare numeri complessi come coppia ordinata di valori reali, ovvero la parte reale e la parte immaginaria.

Questi numeri vengono rappresentati su file in base dieci come sequenza di caratteri, con parte reale e immaginaria separate da spazio e seguite da un `a capo`. Ad esempio i due valori complessi $2 + 4i$ e $1 - i$ verrebbero rappresentati come:

```
2.000000 4.000000↵
1.000000 -1.000000↵
```

La funzione `read_complesso()` accetta come parametro un puntatore a un numero complesso `comp` e un puntatore a `FILE` aperto in lettura in modalità tradotta (testo). La funzione deve leggere dal file i due campi del numero complesso e ritornare 1 se è riuscita a leggere 2 valori, 0 altrimenti.

La funzione `write_complesso()` effettua l'operazione inversa, ovvero scrive sul file `f` i due campi del numero complesso separandoli con uno spazio e andando a capo.

La funzione `prodotto_complesso()` esegue il prodotto dei due valori `comp1` e `comp2` e mette il risultato in `comp1`. Si ricorda che il prodotto di numeri complessi si esegue così: $(a + ib)(c + id) = (ac - bd) + i(ad + bc)$

File di supporto

```
complessi.txt
```

4.15 Esercizio – vettori-leggi

Una serie di vettori di numeri interi con segno, sono memorizzati su un file come il seguente:

```
3   1   2   3
6   4   8   15   16   23   42
0
4   +10  -100    +1000    -10000
```

Il primo numero su ogni riga indica il numero di elementi del vettore. Seguono poi, separati da whitespace (tabulazioni in questo caso), gli elementi del vettore. Il file precedente ad esempio contiene quattro vettori, di cui il primo ha tre elementi (1,2,3), il secondo sei, il terzo nessuno e il quarto quattro.

Creare i file `vettori.h` e `vettori.c` che consentano di utilizzare la seguente struttura:

```c
struct vettore {
    size_t len;
    int *data;
};
```

e la funzione:

```c
extern struct vettore *vettori_leggi(FILE *f, size_t *n);
```

La funzione accetta un puntatore a FILE aperto in lettura in modalità tradotta (testo) e un puntatore a una variabile in cui inserire il numero di vettori letti. La funzione ritorna un puntatore a un'area di memoria allocata dinamicamente che contiene tante struct vettore, una per ogni vettore nel file. In ogni struct, il campo len è impostato al numero di elementi del vettore corrente, mentre il campo data punta a un'area di memoria allocata dinamicamente contenente i valori. I parametri della funzione sono sempre validi.

File di supporto

```
vettori1.log
vettori2.log
vettori3.log
```

4.16   Esercizio – read-pixels

Creare i file punti.h e punti.c che consentano di utilizzare la seguente struttura:

```
struct pixel {
    short x, y;
    unsigned char rgb[3];
};
```

e la funzione:

```
extern struct pixel *read_pixels(FILE *f, size_t *n);
```

La struct consente di rappresentare punti a cui è associata la posizione (x,y) e i tre valori del colore del punto, rappresentato come terna di byte [rosso,verde,blu]. La funzione accetta un puntatore a FILE aperto in lettura in modalità non tradotta (binaria) e un puntatore ad una variabile in cui inserire il numero di pixel letti dal file. Sul file ogni pixel è rappresentato come 7 byte: i byte 0 e 1 sono la x rappresentata in little endian, i byte 2 e 3 sono la y rappresentata in little endian, i byte 4, 5 e 6 sono il vettore rgb. La funzione deve allocare dinamicamente nell'heap un vettore di struct pixel della dimensione necessaria a contenere tanti pixel quanti presenti nel file e ritornarlo. Inoltre la funzione deve impostare la variabile puntata da n al numero di pixel letti.

File di supporto

```
punti1.dat
punti2.dat
```

4.17   Esercizio – read-stringhe-bin

Creare i file stringhe.h e stringhe.c che consentano di utilizzare la seguente struttura:

```
struct stringa {
    unsigned char length;
    char *s;
};
```

e la funzione:

```
extern struct stringa *read_stringhe_bin (const char *filename, unsigned int *pn);
```

La struttura contiene il campo `length` che contiene la lunghezza della stringa (eventualmente 0) e il campo `s` che punta ad una stringa zero terminata (di lunghezza `length`).

La funzione accetta come parametro un nome di file che deve essere aperto in lettura in modalità non tradotta (binario) e un puntatore ad una variabile di tipo `unsigned int` in cui si dovrà inserire il numero di stringhe presenti nel file. Il file è composto di una sequenza di elementi di lunghezza variabile in cui un byte indica la lunghezza n della stringa e di seguito ci sono n byte contenenti i caratteri della stringa.

La funzione deve ritornare un puntatore ad una nuova zona di memoria (allocata dinamicamente nell'heap) contenente tutte le stringhe lette dal file. Il numero di stringhe non è noto a priori e non può essere vincolato dal codice. Anche l'elemento `s` di stringa deve essere allocato dinamicamente nell'heap.

Ad esempio, un file valido (mostrato come in un editor esadecimale) è:

```
Offset(h) 00 01 02 03 04 05 06 07 08 09 0A 0B 0C 0D 0E 0F
00000000  05 43 69 61 6F 21 00 03 61 62 63 0E 50 72 6F 67    .Ciao!..abc.Prog
00000010  72 61 6D 6D 61 7A 69 6F 6E 65                      rammazione
```

Il file contiene una stringa di lunghezza 5 (`"Ciao!"`), una stringa di lunghezza 0 (`""`), una stringa di lunghezza 3 (`"abc"`) e una stringa di lunghezza 14 (`"Programmazione"`). In questo caso la funzione dovrà impostare la variabile puntata da `pn` a 4.

File di supporto

```
stringhe1.bin
stringhe2.bin
```

4.18   Esercizio – libri-read

Creare i file `libri.h` e `libri.c` che consentano di utilizzare la seguente struttura:

```
struct libro {
    unsigned int codice;
    char titolo[255];
    unsigned int pagine;
};
```

e la funzione:

```
extern struct libro *read_libri (const char *filename, size_t *pn);
```

La struttura contiene il campo codice che contiene un identificatore di un libro, il campo titolo che ne contiene il titolo (che può includere degli spazi) e il campo pagine che contiene il numero di pagine.

La funzione accetta come parametro un nome di file che deve essere aperto in lettura in modalità tradotta (testo) e un puntatore ad una variabile di tipo `size_t` in cui si dovrà inserire il numero di libri presenti in un file così strutturato:

```
<codice>;<titolo>;<pagine><a capo>
<codice>;<titolo>;<pagine><a capo>
<codice>;<titolo>;<pagine><a capo>
...
```

La funzione deve ritornare un puntatore ad una nuova zona di memoria (allocata dinamicamente nell'heap) contenente tutti i libri letti dal file. Il numero di libri non è noto a priori e non può essere vincolato dal codice.

Ad esempio, un file valido è:

```
23875;L'uomo che piantava gli alberi (Salani Ragazzi);64↵
75628;Programmazione C. Le basi per tutti (Esperto in un click);111↵
76890;L'arte dell'hacking - volume 1 (Pocket);336↵
12374;Piccolo manuale della sicurezza informatica (Pocket);204↵
```

In questo caso la funzione dovrà impostare la variabile puntata da pn a 4.

File di supporto

```
libri1.txt
libri2.txt
```

4.19 Esercizio – libri-read-filtra

Creare i file `libri.h` e `libri.c` che consentano di utilizzare la seguente struttura:

```
struct libro {
    unsigned int codice;
    char titolo[255];
    unsigned int pagine;
};
```

e la funzione:

```
struct libro *filtra_libri (struct libro *plibri, size_t *pn, const char *cerca);
```

La struttura contiene il campo `codice` che contiene un identificatore di un libro, il campo `titolo` che ne contiene il titolo (che può includere degli spazi) e il campo `pagine` che contiene il numero di pagine.

La funzione accetta come parametro `plibri`, un puntatore ad una zona di memoria contenente un numero di libri indicato dal valore puntato da `pn`. Accetta inoltre una stringa zero terminata `cerca`. La funzione deve ritornare un puntatore ad una nuova zona di memoria (allocata dinamicamente nell'heap) contenente tutti i libri nel cui titolo è presente la stringa contenuta in `cerca` e impostare il valore puntato da `pn` al numero di libri ritornati. Se nessun libro contiene la stringa, la funzione deve ritornare `NULL` e impostare il valore puntato da `pn` a 0.

Ad esempio, se `plibri` contenesse i seguenti dati:

```
{23875, "L'uomo che piantava gli alberi (Salani Ragazzi)", 64}
{75628, "Programmazione C. Le basi per tutti (Esperto in un click), 111}
{76890, "L'arte dell'hacking - volume 1 (Pocket), 336}
{12374, "Piccolo manuale della sicurezza informatica (Pocket), 204}
```

e pn puntasse al valore 4, chiamando la funzione con `cerca="del"`, la funzione deve ritornare un puntatore contenente:

```
{76890, "L'arte dell'hacking - volume 1 (Pocket)", 336}
{12374, "Piccolo manuale della sicurezza informatica (Pocket)", 204}
```

e impostare la variabile puntata da `pn` a 2.

File di supporto

```
libri1.txt
libri2.txt
```

4.20   Esercizio – read-dati

Creare i file `dati.h` e `dati.c` che consentano di utilizzare la seguente struttura:

```
struct dato {
    double valore;
    unsigned classe;
};
```

e la funzione:

```
extern struct dato *read_dati (const char *filename, unsigned int *pn);
```

La struttura contiene il campo `valore` che descrive un certo valore numerico e il campo `classe` che descrive la tipologia del dato. La classe sarà un valore tra 0 e 10.

La funzione accetta come parametro un nome di file che deve essere aperto in lettura in modalità tradotta (testo) e un puntatore ad una variabile di tipo `unsigned int` in cui si dovrà inserire il numero di dati presenti in un file così strutturato:

```
<valore><whitespace><classe><a capo>
<valore><whitespace><classe><a capo>
<valore><whitespace><classe><a capo>
...
```

La funzione deve ritornare un puntatore ad una zona di memoria (allocata dinamicamente nell'heap) contenente tutti i dati letti dal file.

Ad esempio, un file valido è:

```
0.0961      2↵
0.4929      0↵
0.9252      0↵
0.2186      1↵
```

In questo caso la variabile puntata da `pn` varrà 4. Notare che i valori sono separati dalla classe da un carattere di tabulazione.

File di supporto

```
dati1.txt
dati2.txt
dati3.txt
```

4.21 Esercizio – read-dati-conteggio

Estendere l'Esercizio 4.20 aggiungendo al file `dati.h` la dichiarazione e al file `dati.c` la definizione della seguente funzione:

```
extern int salva_conteggio_bin (const char *filename, struct dato *pdati,
    unsigned int n);
```

La funzione accetta come parametro un nome di file che deve essere aperto in scrittura in modalità non tradotta (binario), un puntatore alla zona di memoria contenente variabili di tipo `struct dato` e il numero di dati contenuti in quella zona di memoria.

La funzione deve scrivere sul file 11 interi senza segno a 32 bit in little endian corrispondenti al numero di dati di ogni possibile classe (da 0 a 10). La funzione deve ritornare 1 se si è conclusa in modo corretto, 0 altrimenti. Ad esempio, chiamando la funzione in questo modo:

```
#include "dati.h"
int main (void) {
    struct dato x[] = { {0.1,0}, {1.45,2}, {0.81,0} };
    salva_conteggio_bin("file.bin",x,3);
}
```

il file file.bin, visto in un editor esadecimale conterrebbe:

```
02 00 00 00 00 00 00 00 01 00 00 00 00 00 00 00
00 00 00 00 00 00 00 00 00 00 00 00 00 00 00 00
00 00 00 00 00 00 00 00 00 00 00 00
```

ovvero 2 elementi della classe 0, 0 della classe 1, 1 della classe 2, 0 di tutte le altre.

4.22 Esercizio – matrix-read

Creare i file `matrix.h` e `matrix.c` che consentano di utilizzare la seguente struttura:

```
struct matrix {
    size_t rows, cols;
    double *data;
};
```

e la funzione:

```
extern int matrix_read(struct matrix *matr, FILE *f);
```

La struct consente di rappresentare matrici di dimensioni arbitraria, dove rows è il numero di righe, cols è il numero di colonne e data è un puntatore a rows×cols valori di tipo double memorizzati per righe. Consideriamo ad esempio la matrice

$$A = \begin{pmatrix} 1 & 2 & 3 \\ 4 & 5 & 6 \end{pmatrix}$$

questo corrisponderebbe ad una variabile struct matrix A, con A.rows = 2, A.cols = 3 e A.data che punta ad un area di memoria contenente i valori { 1.0, 2.0, 3.0, 4.0, 5.0, 6.0 }.

La funzione deve leggere la matrice matr dal file f (già aperto) allocando opportunamente la memoria nell'heap. La matrice è memorizzata in formato testuale decimale con il valore di rows seguito da <a capo>, il valore di cols seguito da <a capo>, i valori della matrice separati da <tabulazione> ('\t' in linguaggio C) all'interno della riga e con un <a capo> alla fine di ogni riga (compresa l'ultima).

Facendo riferimento all'esempio precedente, A sarebbe scritta sul file come

```
2↵
3↵
1.000000   →   2.000000   →   3.000000↵
4.000000   →   5.000000   →   6.000000↵
```

La funzione ritorna 1 se la lettura è andata a buon fine, 0 se per qualche motivo è fallita. Il puntatore alla matrice non sarà mai NULL.

File di supporto

```
A.txt
B.txt
C.txt
D.txt
```

4.23   Esercizio – db-load

Creare i file database.h e database.c che consentano di utilizzare le seguenti strutture:

```
#include <stdint.h> // Necessario per i tipi uint8_t e uint32_t

struct record {
    uint32_t size;
```

```
    uint8_t *data;
};

struct database {
    uint32_t num;
    struct record *recs;
};
```

e la funzione

```
extern int db_load(const char *filename, struct database *db);
```

È stato definito un formato binario di dati per memorizzare sequenze di informazioni codificate in qualsiasi modo, chiamate record. Un record è costituito da un campo size (intero senza segno a 32 bit codificato in little endian), seguito da size byte. Ogni database è costituito da uno o più record memorizzati uno dopo l'altro. Ad esempio il file db1.bin contiene i seguenti byte (rappresentati in esadecimale nel seguito):

```
03 00 00 00 01 00 02 02 00 00 00 03 04 05 00 00 00 FF CC AA EE DD
```

Il database contiene quindi un primo record di lunghezza 3, infatti i primi 4 byte sono 03 00 00 00. I dati contenuti nel record sono 01 00 02. Poi c'è un secondo record di lunghezza 2, infatti i successivi 4 byte sono 02 00 00 00. I dati contenuti nel record sono 03 04. Infine, c'è un terzo record di lunghezza 5, infatti i successivi 4 byte sono 05 00 00 00. I dati contenuti nel record sono FF CC AA EE DD.

La funzione db_load, deve aprire il file il cui nome viene fornito dalla stringa C filename e caricarne il contenuto in memoria. La funzione deve:

- Impostare il campo num della struct database puntata da db al numero di record presenti sul file
- Far puntare recs ad un vettore di struct record, grande num, allocato dinamicamente sull'heap.
- Ogni record del vettore avrà il campo size impostato alla lunghezza del record e il campo data dovrà puntare ad un vettore di byte, grande size, allocato dinamicamente sull'heap, contenente i dati letti da file.

La funzione deve ritornare 1 se è riuscita ad aprire il file e a leggerne interamente il contenuto, 0 altrimenti. Tutti i file forniti, contengono almeno un record e non hanno errori.

File di supporto

db1.bin
db2.bin
db3.bin

Capitolo 5

Soluzioni

Soluzione dell'Esercizio 2.1 – binomiale

In questa soluzione proviamo a seguire una strada diversa da quella più scontata che consiste nel definire una funzione che calcola il fattoriale e poi richiamarla tre volte con i rispettivi valori.

Iniziamo risolvendo i casi in cui la funzione deve ritornare -1, ovvero quando n è 0 o k>n. Poi procediamo con il calcolo del fattoriale di n moltiplicando nfatt (che inizialmente vale 1) per 2, 3, 4, ...

Invece che rifare l'operazione tre volte, quando l'indice corrente è arrivato a k o a n-k, salviamo il valore del fattoriale nelle corrispondenti variabili.

Alla fine ritorniamo il calcolo del binomiale.

```
/* binomiale.c */

double binomiale(unsigned int n, unsigned int k)
{
    double nfatt = 1, kfatt = 1, nkfatt = 1;

    // Verifico i casi particolari
    if (n == 0 || k > n)
        return -1;

    // Parto da 2 perché le variabili sono già pronte nel caso 1
    // Notare che arrivo fino a n incluso
    for (unsigned int i = 2; i <= n; i++) {
        nfatt *= i;  // Definizione del fattoriale
        // Qui verifichiamo i due casi che ci permettono di calcolare k! e (n-k)!
        if (i == k)
            kfatt = nfatt;
        if (i == n - k)
```

```
            nkfatt = nfatt;
    }

    // Alla fine applico la definizione.
    return nfatt / (kfatt * nkfatt);
}
```

Main

Il `main()` è semplicemente una serie di chiamate alla funzione dichiarata all'inizio.

```
/* main.c */

extern double binomiale(unsigned int n, unsigned int k);

int main(void)
{
    double d;

    d = binomiale( 5, 2);
    d = binomiale(10, 1);
    d = binomiale(10, 4);
    d = binomiale(10, 2);
    d = binomiale( 0, 1);
    d = binomiale( 1, 0);
    d = binomiale( 1, 1);
    return 0;
}
```

Soluzione dell'Esercizio 2.2 – binomiale-simmetrico

L'esercizio è particolarmente semplice, dato che si tratta di tradurre in notazione C una espressione matematica, con una semplice implementazione del fattoriale.

Una volta definita la funzione `f()` che calcola il fattoriale di `n` la funzione è di immediata traduzione.

Per il calcolo del fattoriale seguiamo il suggerimento del testo e utilizziamo il tipo `double` per i calcoli. Il fattoriale è il prodotto dei numeri da 1 a `n` e cioè

$$n! = \prod_{i=1}^{n} i$$

Questo si traduce immediatamente in un ciclo `for` in cui l'indice va da 1 (o 2) a `n`. All'interno accumuliamo il prodotto in una variabile `d` moltiplicando sempre per `i`. L'unica accortezza è partire da 1. Notare che se `n` è 0 o 1, il ciclo non viene neppure eseguito e si ritorna direttamente 1.

```
/* binomiale.c */

double f(unsigned int n) {
    double d = 1;
    for (unsigned int i = 2; i <= n; ++i)
        d *= i;
    return d;
}


double binomialesimmetrico(unsigned int n, unsigned int h, unsigned int k) {
    return f(n) / (f(h)*f(k));
}
```

Main

Il `main()` è semplicemente una serie di chiamate alla funzione dichiarata all'inizio.

```
/* main.c */

extern double binomialesimmetrico(unsigned int n, unsigned int h, unsigned int k);

int main(void)
{
    double d;

    d = binomialesimmetrico(5, 2, 3);
    d = binomialesimmetrico(10, 1, 1);
    d = binomialesimmetrico(10, 4, 2);
    d = binomialesimmetrico(10, 2, 4);
    d = binomialesimmetrico(0, 1, 1);
    d = binomialesimmetrico(1, 0, 1);
    d = binomialesimmetrico(1, 1, 0);
    return 0;
}
```

Soluzione dell'Esercizio 2.3 – geometria-rotazione

La soluzione si basa sulla chiamata delle funzioni `sin` e `cos` della libreria `math.h`. L'utilizzo di una variabile temporanea (`struct punto ris`) semplifica la soluzione e consente di non sovrascrivere i valori di x e y mentre vengono calcolati.

Provare a utilizzare la seguente funzione(sbagliata) per capire il problema:

```
void rotazione(struct punto *p, double alfa) {
    p->x = p->x*cos(alfa) - p->y*sin(alfa);
    p->y = p->x*sin(alfa) + p->y*cos(alfa);
}
```

```
/* geometria.c */

#include <math.h>

struct punto {
    double x, y;
};

void rotazione(struct punto *p, double alfa)
{
    struct punto ris;  // Variabile di supporto temporanea, necessaria!

    ris.x = p->x*cos(alfa) - p->y*sin(alfa);
    ris.y = p->x*sin(alfa) + p->y*cos(alfa);

    // Effettuo la copia della variabile ris nella variabile puntata da p
    *p = ris;
}
```

Main

Nel `main()` si utilizza una varilabile `struct punto` ruotata più volte, per testare il funzionamento della funzione su tutti i 360 gradi.

La funzione accetta un `struct punto*`, ovvero un puntatore a `struct punto`, e modifica la variabile puntata ruotandone le coordinate. Alla funzione dobbiamo quindi passare un puntatore ad una variabile `struct punto` già allocata (in questo caso, staticamente)!

La seguente chiamata a funzione **compila, ma è scorretta**:

```
struct punto* p;
rotazione(p, 0.1);
```

Infatti il puntatore che passiamo alla funzione non punta ad alcuna variabile di tipo `struct punto` valida (non si sa dove punti, siccome non è inizializzato).

```
/* main.c */

// Necessario per poter usare M_PI (pigreco)
#define _USE_MATH_DEFINES
#include <math.h>

struct punto {
    double x, y;
};

extern void rotazione(struct punto *p, double alfa);

int main(void) {
```

```
struct punto p = { 1.0, 0.0 }; // p.x=1.0, p.y=0.0
struct punto p1; // Variabile di supporto temporanea
double gradi;

// Ciclo che assegna alla variabile <gradi> il valore di un angolo
// da 0 a 360, a passi di 45 gradi
for (gradi = 0.0; gradi < 360.0; gradi += 45.0) {
    // Trasformazione dell'angolo da gradi a radianti
    // la funzione rotazione accetta infatti un angolo in radianti
    double alfa = gradi / 180.0*M_PI;
    p1 = p;
    rotazione(&p1, alfa);
}
return 0;
}
```

Soluzione dell'Esercizio 2.4 – semifattoriale

La soluzione va strutturata in due parti:

- La prima parte è composta dai controlli dei casi speciali descritti dal testo dell'esercizio: se n<0, n=0 o n=1
- La seconda parte è un ciclo che parte da n e lo decrementa di due moltiplicandolo per il risultato (di tipo double)

```
/* matematica.c */

double semifattoriale(char n)
{
    // Prima controllo se è n negativo
    if (n < 0)
        return -1.0;
    // Caso speciale di n==0 o n==1
    if (n < 2)
        return 1.0;
    double ret = 1.;
    // decremento n di due fino a che n>1
    for (; n>1; n -= 2)
        ret *= n;
    return ret;
}
```

Main

Il main è molto semplice e l'unica accortezza che bisogna avere è di testare tutti i casi descritti dal testo dell'esercizio.

```
/* main.c */

extern double semifattoriale(char n);

int main(void)
{
    double ret=0.0;
    ret = semifattoriale(0);
    ret = semifattoriale(1);
    ret = semifattoriale(8);
    ret = semifattoriale(9);
    ret = semifattoriale(-8);
    ret = semifattoriale(127);
    return 0;
}
```

Soluzione dell'Esercizio 2.5 − array-remove

La soluzione segue quanto richiesto dal testo, cominciando dalla verifica dell'elemento da rimuovere: se pos è maggiore o uguale al numero di elementi terminiamo.

Notare come il numero di elementi viene passato con un puntatore ad una variabile. Pertanto dobbiamo utilizzare l'operatore di dereferenziazione per ottenerne il valore. Questo viene fatto, chiaramente, perché la funzione deve poter modificare il numero di elementi.

Infatti il passo successivo è proprio decrementare il numero di elementi. Avremmo potuto anche scrivere --*pn;, ma è una notazione decisamente meno chiara di quella esplicita utilizzata nella soluzione.

Infine l'elemento di posizione pos dovrà essere sostituito da quello di posizione pos+1, e così via fino all'elemento di posizione *pn-1 (*pn è già stato decrementato!) che deve essere sostituito da *pn, ovvero l'ultimo elemento del vettore originale. Utilizziamo quindi un for facendo andare la variabile i da pos a *pn-1.

```
/* array.h */

#if !defined ARRAY_H
#define ARRAY_H

#include <stdlib.h>

extern void array_remove(double *arr, size_t *pn, size_t pos);

#endif /* ARRAY_H */
```

```
/* array.c */

#include "array.h"
```

```
void array_remove(double *arr, size_t *pn, size_t pos)
{
    // Se la posizione da eliminare è fuori dal vettore, non faccio nulla
    if (pos >= *pn)
        return;

    // Decremento il numero di elementi
    *pn = *pn - 1;
    // Tutti gli elementi da pos a *pn-1 si spostano indietro di una posizione
    for (size_t i = pos; i < *pn; ++i)
        arr[i] = arr[i + 1];
}
```

Main

Per testare la funzione, definisco un vettore statico con 5 elementi che inizializzo e una variabile n con il numero di elementi. Poi rimuovo l'elemento di posizione 2 (quello al centro).

Notare come il puntatore al primo elemento dell'array si ottiene semplicemente utilizzandone il nome, mentre per ottenere l'indirizzo della variabile n mi serve l'operatore &.

La funzione di supporto array_print() si limita a inviare gli elementi dell'array su stdout, ma in questo caso è utile per vedere l'effetto dell'eliminazione in modo chiaro.

```
/* main.c */

#include <stdio.h>

#include "array.h"

// Funzione di supporto per mostrare gli array su 'stdout'
static void array_print(double *arr, size_t n)
{
    for (size_t i = 0; i < n; ++i)
        printf("%f ", arr[i]); // Notate lo spazio dopo ogni numero
    printf("\n");
}

int main(void)
{
    double a[] = { 22.4, -4.67, 140.0, 1.99, 87.7 };
    size_t n = sizeof a / sizeof *a;

    // Mostro l'array originale
    array_print(a, n);
    // Rimuovo l'elemento di posizione 2, ovvero il 140.0
    array_remove(a, &n, 2);
    // Mostro l'array "accorciato"
```

```
    array_print(a, n);
    return 0;
}
```

Soluzione dell'Esercizio 2.6 – prodotto-scalare

La prima cosa da fare è eseguire i controlli specificati nel testo. È fondamentale eseguire questi controlli prima di utilizzare i vettori, infatti, se x fosse uguale a NULL, l'espressione x[i] causerebbe un errore a runtime e quindi bloccherebbe il programma.

La formula del prodotto scalare ci indica che dovremo scorrere entrambi i vettori con un ciclo, che userà n come numero di elementi (i due vettori sono lunghi uguali per definizione). Ricordiamoci di inizializzare a 0 la variabile che conterrà il prodotto scalare.

```
/* vettori.h */

#ifndef VETTORI_H
#define VETTORI_H

#include <stdlib.h>

extern double prodotto_scalare(const double *x, const double *y, size_t n);

#endif /* VETTORI_H */

/* vettori.c */

#include "vettori.h"

double prodotto_scalare(const double *x, const double *y, size_t n)
{
    size_t i;
    double d;

    // Controllo le condizioni di uscita
    if (n == 0 || x == NULL || y == NULL)
        return 0;

    d = 0.;
    // Scorro i vettori (lunghi uguali)
    for (i = 0; i<n; i++)
        d += x[i] * y[i];

    return d;
}
```

Main

Per comodità utilizzeremo degli array statici inizializzati con le parentesi graffe, e l'operatore `sizeof` per calcolarne la dimensione.

```c
/* main.c */

#include <stdlib.h>

#include "vettori.h"

int main(void) {
    double ret = 0;
    // Definisco ed inizializzo due array statici
    double arr1[] = { 1, 2, 3, 4 };
    double arr2[] = { 4, 3, 2, 1 };
    ret = prodotto_scalare(arr1, arr2, sizeof arr1 / sizeof arr1[0]);

    double arr3[] = { 0.31, 0.487, 0.002, 0.871, 0.00200103 };
    double arr4[] = { 0.98, 0.223, 0.586, 0.23232, 0.32325 };
    ret = prodotto_scalare(arr3, arr4, sizeof arr3 / sizeof arr3[0]);

    // Passo un puntatore NULL, deve ritornare 0
    ret = prodotto_scalare(arr1, NULL, sizeof arr1 / sizeof arr1[0]);
    return 0;
}
```

Soluzione dell'Esercizio 2.7 – vettore-media

Per il calcolo della media è necessario sommare tutti gli elementi del vettore, quindi scorro tutti gli n elementi utilizzando un indice i e li sommo in una variabile m azzerata inizialmente. Al momento del ritorno divido per n: notare che la divisione tra `double` e `size_t` (che poi è un tipo intero) è quella tra `double`, come richiesto.

```c
/* array.h */

#if !defined ARRAY_H
#define ARRAY_H

#include <stdlib.h>

extern double media(double *arr, size_t n);

#endif /* ARRAY_H */

/* array.c */
```

```
#include "array.h"

double media(double *arr, size_t n) {
    double m = 0;

    for (size_t i = 0; i < n; i++)
        m += arr[i];

    return m / n;
}
```

Main

Per testare il programma è sufficiente creare un array di numeri, calcolarne il numero di elementi (a tempo di compilazione) e passare il puntatore al primo elemento (come al solito con il solo nome dell'array) alla funzione, assieme al numero di elementi.

```
/* main.c */

#include "array.h"

int main(void)
{
    double arr[] = { 9, 8, 7, 6, 5, 4, 3, 2, 1 };
    size_t n = sizeof arr / sizeof *arr; // Numero di elementi del vettore

    double m = media(arr, n); // m dovrebbe valere 5.0
    return 0;
}
```

Soluzione dell'Esercizio 2.8 – contaspazi

La dichiarazione della funzione riceve un puntatore const a carattere, perché non è necessario modificare il contenuto di s. Il numero di spazi ritornati sarà 0 o più, quindi è ragionevole utilizzare un numero senza segno.

La fine di una stringa C è indicata da un char che vale 0, ma non il carattere '0'! Non è un simbolo ma proprio 8 bit contenenti tutti 0. Volendo, ma è praticamente inutile, si può utilizzare il codice di escape '\0', che esprime in ottale il valore 0.

Per poter scorrere tutti i caratteri di una stringa C quindi utilizziamo un ciclo for indicando come condizione per *restare* nel ciclo s[i] != 0, ovvero continuiamo ad usare il valore s[i] se non è 0 e poi andiamo al successivo.

Se il carattere è uno ' ', incrementiamo una variabile contatore, che avremo inizializzato opportunamente a 0.

```
/* contaspazi.c */
```

```
#include <stdlib.h>

size_t conta_spazi(const char *s) {
    size_t sp = 0;

    for (int i = 0; s[i] != 0; ++i) {
        if (s[i] == ' ') // Non utilizzare le doppie virgolette qui!
            sp++;
    }
    return sp;
}
```

Main

Testare questa funzione è molto semplice, dato che l'unico parametro è un puntatore a char: usiamo infatti una stringa C con un certo numero di spazi per fare le prove.

Nel fare questi test, conviene sempre controllare i casi limite, ovvero spazi all'inizio o alla fine, stringhe senza spazi o stringhe vuote. In questo caso il testo dell'esercizio non dice nulla sul fatto che s possa essere o meno NULL, quindi supponiamo che non sarà mai così.

Il main seguente può essere utilizzato come al solito per vedere i risultati con un debugger. È inutile scrivere sul file stdout il valore di ritorno, tanto è più semplice e comodo utilizzare il debugger.

```
/* main.c */

#include <stdlib.h>

extern size_t conta_spazi(const char *s);

int main(void)
{
    size_t i;

    i = conta_spazi("uno spazio");
    i = conta_spazi("due spazi ");
    i = conta_spazi(" spazioprima");
    i = conta_spazi("zerospazi");
    i = conta_spazi("   "); // 3 spazi
    i = conta_spazi(""); // stringa vuota
    return 0;
}
```

Soluzione dell'Esercizio 2.9 – contaoccorrenze

La soluzione proposta utilizza la funzione strstr() della libreria string.h che cerca una sequenza di caratteri all'interno di un'altra. Per prima cosa occorre però controllare che i puntatori non siano NULL e che le stringhe non siano vuote.

Questi controlli vanno sempre messi all'inizio della funzione, infatti invocare strstr() (o qualsiasi altra funzione su stringhe) su un puntatore NULL causa un errore nell'esecuzione del codice (non un errore di compilazione!).

La funzione strstr(str1,str2) cerca la **prima** occorrenza di str2 in str1, per trovare tutte le altre dobbiamo catturare il valore di ritorno della funzione (di tipo char*) che è il puntatore al primo carattere della prima occorrenza trovata (vale NULL se non sono state trovate occorrenze).

```c
/* conta.c */

#include <string.h>

size_t conta_occorrenze(const char *testo, const char *stringa) {
    size_t i = 0; // Contatore delle occorrenze, inizializzato a 0

    // Per prima cosa controllo se i puntatori sono NULL
    if (testo == NULL || stringa == NULL)
        return 0;

    // So che i puntatori non sono NULL, controllo quindi il primo carattere
    if (testo[0] == 0 || stringa[0] == 0)
        return 0;

    while(1) {
        // strstr ritorna il puntatore al primo carattere della stringa trovata
        testo = strstr(testo, stringa);
        // Se testo==NULL vuol dire che non ci sono occorrenze di testo in stringa
        if (testo == NULL)
            break;
        // Avanzo il puntatore di un carattere in modo
        //  da non trovare la stessa occorrenza più volte
        testo++;
        i++;
    }
    return i;
}
```

Main

Per testare la funzione occorre riportare la dichiarazione della funzione prima del main() e chiamarla con due stringhe di esempio, che possiamo dichiarare all'interno del main().

```
/* main.c */

#include <string.h>

extern size_t conta_occorrenze(const char *testo, const char *stringa);

int main(void)
{
    char testo[] = "Qui bisogna cercare la parola cercare";
    char stringa[] = "cercare";
    // Passando testo e stringa alla funzione non sto copiando gli array!
    //  sto invece passando i puntatori ai primi caratteri delle due stringhe.
    size_t c = conta_occorrenze(testo, stringa);

    // Avremmo anche potuto scrivere:
    size_t c2 = conta_occorrenze("questo è il testo", "questo");

    // Per testare se i controlli funzionano posso fare:
    size_t c3 = conta_occorrenze("questo è il testo", NULL);
    return 0;
}
```

Soluzione dell'Esercizio 2.10 – formato-isdate

Per risolvere questo esercizio occorre controllare se un carattere è una cifra numerica. Ci sono diversi modi per effettuare questo controllo, ma il più semplice sfrutta il fatto che le cifre da 0 a 9 corrispondono a codici ASCII consecutivi. Dato un char c posso quindi controllare se il suo valore è nel range '0' - '9' in questo modo:

```
if(c>='0' && c<='9')
    // c è una cifra
```

Quello che sto facendo è quindi confrontare il codice ASCII di c con il codice ASCII di '0' (48 in decimale) e di '9' (57 in decimale). Il separatore di giorno/mese/anno è una barra, ovvero il carattere '/'.

> Siccome dobbiamo effettuare lo stesso controllo su molti caratteri, andiamo a mettere questo controllo in una funzione (nel nostro caso chiamata is_num()).

```
/* formato.c */

#include <string.h>

// Funzione di supporto che ritorna un numero !=0 se c è una cifra
static int is_num(char c) {
    return c >= '0' && c <= '9';
```

```
}

int is_date(const char *s)
{
    // Prima di tutto controllo che il puntatore non sia NULL
    if (s == NULL)
        return 0;
    // Il formato prevede esattamente 10 caratteri, se non sono 10 ritorno 0
    if (strlen(s) != 10)
        return 0;

    // Verifico che i caratteri di giorno,mese e anno siano delle cifre
    //  e che siano separati da '/'
    // Il controllo può essere diviso su più righe ma può anche essere espresso
    //  come una concatenazione di condizioni su una riga sola:
    //  is_num(s[0]) && is_num(s[1]) && (s[2] == '/') && is_num(s[3]) && ...
    int i1 = is_num(s[0])   && is_num(s[1]);
    int i2 = (s[2] == '/')  && is_num(s[3]) && is_num(s[4]);
    int i3 = (s[5] == '/')  && is_num(s[6]) && is_num(s[7]);
    int i4 = is_num(s[8])   && is_num(s[9]);
    return i1 && i2 && i3 && i4;
}
```

Main

Il main per testare la funzione `is_date()` non fa altro che chiamare la funzione con delle stringhe C, di cui alcune rispettano il formato dato, altre no.

```
/* main.c */

#include <stdlib.h>

extern int is_date(const char *s);

int main(void)
{
    // Debuggare per verificare il valore di i
    //  che deve essere =1 solo nel primo caso
    int i = is_date("12/02/2014");
    i = is_date("12/02/14");
    i = is_date(NULL);
    i = is_date("");
    i = is_date("12345678");
    i = is_date("123456789012345674567890");
    i = is_date("12-02-2014");
    return 0;
}
```

Soluzione dell'Esercizio 2.11 – cercamassimo

La soluzione è piuttosto diretta: per ogni numero letto da file eseguiamo un confronto con il massimo attuale m e se è maggiore, lo sostituiamo.

Come di consueto utilizziamo un ciclo per leggere tanti valori e la condizione da verificare è se la lettura è andata a buon fine. La funzione fscanf ritorna il numero di campi letti correttamente da file, quindi se il valore non è 1, si è verificato un errore (ad esempio una parola invece che un numero) oppure il file è finito.

Per tenere il massimo si è utilizzato l'operatore condizionale ?: per assegnare a m il suo nuovo valore. La logica è: se temp è maggiore di m il massimo è temp altrimenti è m.

Al termine ci ricordiamo di chiudere il file e ritorniamo il massimo.

```c
/* massimo.c */

#include <stdio.h>

int cercaMassimo(const char *filename)
{
    int temp;
    int m = 0;

    FILE *f = fopen(filename, "rt");
    while (fscanf(f, "%d", &temp) == 1) // finché leggo con successo
        m = temp > m ? temp : m;

    fclose(f);
    return m;
}
```

Main

Il main si limita a dichiarare la funzione e ad invocarla passandogli i nomi dei tre file.

```c
/* main.c */

extern int cercaMassimo(const char *filename);

int main(void)
{
    int i;
    i = cercaMassimo("max1.txt");
    i = cercaMassimo("max2.txt");
    i = cercaMassimo("max3.txt");
    return 0;
}
```

Soluzione dell'Esercizio 2.12 – rimuovi-doppie

Nella soluzione andremo prima di tutto a testare che l'apertura di entrambi i file vada a buon fine. Dopo leggeremo un carattere alla volta utilizzando la funzione `fgetc()` (vedi Nota 6.1), scrivendolo su file di output solo se è diverso dal carattere precedente. Il primo carattere del file di input verrà quindi sempre scritto sull'output.

```c
/* rimuovi.c */

#include <stdio.h>

int rimuovidoppie(const char *filein, const char *fileout)
{
    FILE *fin = fopen(filein, "rt");
    if (fin == NULL) {
        return 0;
    }
    FILE *fout = fopen(fileout, "wt");
    if (fout == NULL)
        return 0;

    // cold conterrà il caratter precedente
    // ccur conterrà l'ultimo carattere letto
    int cold, ccur = -1;
    while (1) {
        cold = ccur;
        ccur = fgetc(fin);

        if (ccur == EOF)
            break;
        // Se il carattere appena letto è diverso dal penultimo
        if (ccur != cold)
            putc(ccur, fout);
    }
    fclose(fin);
    fclose(fout);
    return 1;
}
```

Main

Il `main()` è molto semplice e chiama la funzione con due nomi file utilizzando i file di supporto.

```c
/* main.c */

extern int rimuovidoppie(const char *filein, const char *fileout);
```

```c
int main(void)
{
    int ris = rimuovidoppie("testo1.txt", "ris1.txt");
    return 0;
}
```

Soluzione dell'Esercizio 2.13 – conta-righe

Nel testo è specificato che un file vuoto o senza <a capo> è da considerarsi come composto da una riga. Quello che faremo è inizializzare il contatore delle righe a 1 e poi contare i caratteri '\n' presenti nel file.

```c
/* righe.h */

#if !defined RIGHE_H
#define RIGHE_H

#include <stdio.h>

extern unsigned int conta_righe(FILE *f);

#endif /* RIGHE_H */


/* righe.c */

#include "righe.h"

unsigned int conta_righe(FILE *f)
{
    // Parto da n=1 così conto già l'ultima riga
    unsigned int n = 1;

    for (;;) {
        int c = getc(f);
        if (c==EOF) // Fine del file, quindi esco
            break;
        if (c == '\n')
            n++; // Conto i caratteri '\n'
    }
    return n;
}
```

Main

Nel main() viene utilizzata una funzione di supporto main_test() che chiama la funzione conta_righe() e stampa a schermo il risultato, che viene confrontato con il reale numero di righe presenti nel file.

```c
/* main.c */

#include <stdio.h>

#include "righe.h"

void main_test(char *filename, unsigned int n) {
    FILE *f;

    f = fopen(filename, "rt");
    printf("Il file \"%s\" ha %u righe (dovrebbe essere %u).\n",
        filename, conta_righe(f), n);
    fclose(f);
}

int main(void) {
    // Passo alle funzioni anche il numero di righe di ogni file, per confronto
    main_test("file1.txt", 5);
    main_test("file2.txt", 507);
    main_test("file3.txt", 1);
    return 0;
}
```

Soluzione dell'Esercizio 2.14 – write-bin

L'esercizio è in pratica un caso d'uso della funzione fwrite() per scrivere su file binari. Utilizziamo come primo parametro il puntatore ai dati values, come secondo parametro la dimensione di ogni dato e quindi sizeof(double), come terzo parametro il numero di dati n e infine il puntatore a FILE.

Sarebbe buona norma restituire quanti elementi sono stati scritti, ma non essendo previsto dal testo, non lo facciamo.

```c
/* write_bin.c */

#include <stdio.h>

void write_bin(const double *values, size_t n, FILE *f)
{
    fwrite(values, sizeof(double), n, f);
}
```

Main

Testare la funzione consiste solo nell'inserirne nel file `main.c` la dichiarazione, aprire un file in modalità scrittura (senza tradurre gli `<a capo>`), definire un array di `double` e passarlo alla funzione.

Sulla macchina utilizzata per i test, che lavora con double a 64 bit in little endian, il file prodotto contiene i tre valori codificati come segue (gli `<a capo>` sono stati inseriti solo per facilitare la lettura):

```
9A 99 99 99 99 99 F1 3F
9A 99 99 99 99 99 01 40
66 66 66 66 66 66 0A 40
```

Come esercizio sulla rappresentazione floating point IEEE 754-1985, verificare che quelli sono effettivamente i valori scritti inizialmente (o, meglio, le migliori approssimazioni possibili).

```c
/* main.c */

#include <stdlib.h>
#include <stdio.h>

extern void write_bin(const double *values, size_t n, FILE *f);

int main(void)
{
    FILE *f = fopen("test.bin", "wb");
    if (f == NULL)
        return EXIT_FAILURE;

    double v[] = { 1.1, 2.2, 3.3 };
    write_bin(v, 3, f);

    fclose(f);
    return 0;
}
```

Soluzione dell'Esercizio 2.15 – matrix-det3x3

Questo esercizio sulle matrici è particolarmente semplice, perché l'avere fissato la dimensione della matrice implica che non è necessario pensare ad una soluzione generale, ma ad una specifica per il caso in esame.

I vari elementi della matrice sono a posizioni note e quindi resta solo da tradurre la definizione di determinante fornita nel testo in C, utilizzando gli indici appropriati. Ad esempio il primo termine della somma è aei: l'elemento a è in posizione 0, l'elemento e è in posizione 4, l'elemento i è in posizione 8, quindi il prodotto si può esprimere come `m[0]*m[4]*m[8]`. È sufficiente ripetere lo stesso per gli altri termini.

Notate come il nome del parametro utilizzato nel file `matrici.c` è diverso da quello utilizzato in `matrici.h`. In C infatti non è necessario che la dichiarazione e la definizione utilizzino lo stesso nome per i parametri. Al limite, ma **non fatelo**, nella dichiarazione i nomi dei parametri possono essere omessi del tutto. Cioè potevamo scrivere

```
extern double det3x3(double *);
```

Lo scopo della dichiarazione è infatti fornire al compilatore il tipo di dato ritornato dalla funzione e il tipo dei dati accettati.

Perché però abbiamo utilizzato un nome diverso in questo caso? Semplicemente per scrivere di meno!

```
/* matrici.h */

#if !defined MATRICI_H
#define MATRICI_H

extern double det3x3(double *matr);

#endif /* MATRICI_H */

/* matrici.c */

#include "matrici.h"

double det3x3(double *m) {
    return m[0] * m[4] * m[8] + m[1] * m[5] * m[6] + m[2] * m[3] * m[7]
        - m[0] * m[5] * m[7] - m[1] * m[3] * m[8] - m[6] * m[4] * m[2];
}
```

Main

Il `main()` è in questo caso minimale: definiamo un array di 9 elementi e lo passiamo alla funzione. Grazie alla formattazione è possibile vedere la *forma* della matrice per calcolare il determinante e verificare che il valore ritornato dalla funzione sia effettivamente quello atteso.

```
/* main.c */

#include "matrici.h"

int main(void) {
    double det;

    double A[] = {
        1, 2, 3,
```

```
        1, 1, 1,
        1, 2, 1
    };
    det = det3x3(A);

    double B[] = {
        1, 2, 3,
        1, 2, 3,
        1, 1, 1
    };
    det = det3x3(B);
    return 0;
}
```

Soluzione dell'Esercizio 2.16 – geometria-distanza

La soluzione di questo esercizio è la diretta applicazione della formula indicata nel testo. La radice quadrata si calcola con la funzione `sqrt()` presente in `math.h`, mentre l'elevamento a potenza, che si potrebbe calcolare con la funzione `pow()`, viene fatto come semplice prodotto di un termine con se stesso.

Questo perché la funzione `pow()` è da utilizzare in casi molto più complessi dell'elevamento al quadrato, ad esempio può essere utilizzata per calcolare le potenze che hanno come esponente un numero decimale.

> Per elevare un numero al quadrato meglio moltiplicarlo per se stesso che usare la funzione `pow()`!

```c
/* geometria.c */

#include <math.h>

struct punto {
    double x, y;
};

double distanza(struct punto *a, struct punto *b) {
    return sqrt((a->x - b->x)*(a->x - b->x) + (a->y - b->y)*(a->y - b->y));
}
```

Main

Nel main occorre riportare la dichiarazione della funzione `distanza()` per poterla chiamare (altrimenti da un errore di compilazione!). Due `struct punto` locali (statici) sono creati e inizializzati nella stessa linea di codice.

```
/* main.c */

#include <math.h>

struct punto {
    double x, y;
};

extern double distanza(struct punto *a, struct punto *b);

int main(void)
{
    struct punto a = { 1.0, 1.0 };
    struct punto b = { 4.0, 7.0 };
    double d = distanza(&a, &b);
    return 0;
}
```

Soluzione dell'Esercizio 2.17 – array-somma

L'esercizio richiede di allocare dinamicamente nell'heap un vettore di n elementi che chiamiamo dest. Scorriamo gli n elementi dei due array di input con un for, ne sommiamo i valori salvando il risultato nella posizione corrispondente di dest. Concludiamo restituendone il puntatore.

```
/* array.h */

#if !defined ARRAY_H
#define ARRAY_H

#include <stdlib.h>

extern double *array_somma(const double *arr1, const double *arr2, size_t n);

#endif /* ARRAY_H */
```

```
/* array.c */

#include "array.h"

double *array_somma(const double *arr1, const double *arr2, size_t n) {
    double *dest = malloc(n*sizeof(double));
    for (size_t i = 0; i < n; i++)
        dest[i] = arr1[i] + arr2[i];
    return dest;
}
```

Main

`main()` molto essenziale che definisce due array di esempio grandi uguali, ne salva il numero di elementi in n col solito "trucco" del `sizeof` e poi chiama la funzione. Terminiamo liberando la memoria.

```c
/* main.c */

#include "array.h"

int main(void)
{
    double arr1[] = { 1, 2, 3 };
    double arr2[] = { 4, 5, 6 };
    size_t n = sizeof arr1 / sizeof *arr1;

    double *dest = array_somma(arr1, arr2, n);

    free(dest);
    return 0;
}
```

Soluzione dell'Esercizio 2.18 – crea-inizializza

Il testo di questo esercizio non lascia molto spazio all'interpretazione e alla fantasia: bisogna allocare memoria, il che vuol dire `malloc()`. Dobbiamo allocare spazio per n variabili di tipo `int` quindi la prima riga della funzione è data, come anche l'ultima, in cui ritorniamo il puntatore alla memoria allocata.

Impostiamo poi ogni elemento del vettore di interi così allocato al valore `val`, che viene progressivamente decrementato, come richiesto.

Vale la pena notare che utilizziamo e modifichiamo il parametro `val`, tanto questo è, in pratica, una variabile locale creata al momento della chiamata alla funzione che è stata inizialzzata con il valore iniziale richiesto. Qualsiasi cosa noi facciamo con il suo valore, questo non inciderà in alcun modo sul chiamante.

```c
/* array.c */

#include <stdlib.h>

int *crea_inizializza(size_t n, int val) {
    int *res = malloc(n*sizeof(int));

    for (size_t i = 0; i < n; i++) {
        res[i] = val;
        val--;
    }
}
```

```
        return res;
}
```

Main

Tutto regolare qui: chiamo la funzione con qualche valore di prova e poi libero la memoria.

/ main.c */*

```
#include <stdlib.h>

extern int *crea_inizializza(size_t n, int val);

int main(void)
{
    int *p = crea_inizializza(10, 5);
    free(p);
    return 0;
}
```

Soluzione dell'Esercizio 2.19 – disegni-cornicetta

Questo esercizio richiede solo di calcolare la lunghezza len delle righe associate alla stringa in input. Per far questo utilizziamo la funzione strlen().

La prima riga è composta di un /, di len+2 trattini e poi di un \ seguito da a capo. Usiamo putchar() per l'output di un singolo carattere e puts() per aggiungere anche l'a capo finale.

Per la riga centrale è sufficiente decorare la stringa con "| " prima e " |" dopo. Usiamo la printf() per questo scopo.

L'ultima riga è analoga alla prima.

/ cornicetta.c */*

```
#include <stdio.h>
#include <string.h>

void stampa_cornicetta(const char *s) {
    size_t len = strlen(s);

    putchar('/');
    for (size_t i = 0; i<len + 2; i++)
        putchar('-');
    puts("\\");

    printf("| %s |\n", s);
```

```
    putchar('\\');
    for (size_t i = 0; i<len + 2; i++)
        putchar('-');
    puts("/");
}
```

Main

Dopo aver dichiarato la funzione `stampa_cornicetta()` per poterla invocare correttamente, la chiamiamo con un po' di stringhe per verificarne il funzionamento.

```
/* main.c */

extern void stampa_cornicetta(const char *s);

int main(void)
{
    stampa_cornicetta("ciao");
    stampa_cornicetta("Prova!");
    stampa_cornicetta("");
    stampa_cornicetta("Una riga un po' piu' lunga...");
    return 0;
}
```

Soluzione dell'Esercizio 2.20 – disegni-onde

A differenza di altri esercizi di disegno (ad esempio l'Esercizio 3.17) in questo caso la ripetizione non modifica il pattern in verticale, ma in orizzontale. Al cambiare di n infatti lo stesso disegno deve essere ripetuto più volte orizzontalmente.

Il disegno è quindi periodico, e occupa 3 righe. Analizziamo il caso n=1:

La prima riga, ad esempio, è composta dai caratteri

`<spazio>_<spazio><spazio><spazio><spazio>`

Al variare di n dobbiamo solamente ripetere i pattern di riga per n volte.

```
/* onde.c */

#include <stdio.h>

void stampa_onde(FILE *f, int n) {
    int i;
```

```
// Stampo le 3 righe ripetendo n volte lo stesso pattern
    for (i = 0; i < n; i++)
        fprintf(f, " _    ");
    fprintf(f, "\n");
    for (i = 0; i < n; i++)
        fprintf(f, "/ \\   ");
    fprintf(f, "\n");
    for (i = 0; i < n; i++)
        fprintf(f, "   \\\_/");
    fprintf(f, "\n");
}
```

Main

Il `main()` chiama la funzione `stampa_onde()` più volte con `n=0...10`.

```
/* main.c */

#include <stdio.h>

extern void stampa_onde(FILE *f, int n);

int main(void)
{
    for (int i = 0; i <= 10; i++)
        stampa_onde(stdout, i);
    return 0;
}
```

Soluzione dell'Esercizio 2.21 – concatena

In questa soluzione facciamo uso di diverse funzioni della libreria standard: innanzi tutto dobbiamo allocare la memoria necessaria a contenere tutti i caratteri di `s1` e di `s2` più il terminatore della stringa. Quindi utilizziamo la funzione `strlen()` per avere la lunghezza delle due stringhe, le sommiamo e aggiungiamo 1.

> Un classico segno di errore nel codice è vedere qualcosa tipo:
>
> `char *x = malloc(strlen(s));` // Il terminatore!
>
> Meglio quindi abituarsi: una `strlen()` dentro ad una malloc senza qualche +, deve subito destare sospetti.

Adesso abbiamo lo spazio per inserire le stringhe, quindi copiamo la prima con `strcpy()` e accodiamo la seconda con `strcat()`. Infine si ritorna il risultato.

```
/* concatena.c */

#include <stdlib.h>
#include <stdio.h>
#include <string.h>

char *concatena(const char *s1, const char *s2) {
    char *s = malloc(strlen(s1) + strlen(s2) + 1);
    strcpy(s, s1);
    strcat(s, s2);
    return s;
}
```

Main

Semplice test della funzione: impostiamo due puntatori a stringhe statiche dell'area dati e le concateniamo in una nuova stringa. Poi una `free()` libera la memoria.

```
/* main.c */

#include <stdlib.h>
#include <stdio.h>
#include <string.h>

char *concatena(const char *s1, const char *s2);

int main(void) {
    char *s1 = "prima stringa";
    char *s2 = "seconda stringa";
    char *s = concatena(s1, s2);
    free(s);
    return 0;
}
```

Soluzione dell'Esercizio 2.22 – person-read

Dopo la dichiarazione di `struct persona`, la soluzione è una semplice chiamata alla funzione `fscanf()`. La stringa di formato indica che dopo il nome della persona (questo dovrà ovviamente essere senza spazi) dovremo leggere un numero intero senza segno in decimale, quindi: `"%s%u"`. Tra i due non serve indicare alcuno spazio, tanto tutte le stringhe di formato tranne `%c` e `%[]` come prima cosa, saltano i whitespace.

Notare come la `fscanf()` vuole come parametri un puntatore a char e un puntatore a unsigned int. Per questo come primo parametro usiamo `pp->name` senza l'operatore indirizzo, infatti quando un array viene utilizzato in una espressione diventa un puntatore al primo elemento. Per il campo `pp->age` invece serve l'indirizzo e quindi aggiungiamo davanti l'operatore opportuno con il simbolo `&`.

```c
/* readperson.c */

#include <stdio.h>

struct person {
    char name[256];
    unsigned int age;
};

void person_read(FILE *f, struct person *pp) {
    fscanf(f, "%s%u", pp->name, &pp->age);
}
```

Main

Il `main()` è un po' laborioso per il fatto che è necessario aprire un file (qui usiamo `person1.txt`), controllare se l'apertura è avvenuta in modo corretto e poi invocare la funzione.

Come sempre, la variabile per la persona viene allocata automaticamente e passata per indirizzo alla funzione.

```c
/* main.c */

#include <stdio.h>
#include <stdlib.h>

struct person {
    char name[256];
    unsigned int age;
};

extern void person_read(FILE *f, struct person *pp);

int main(void)
{
    FILE *f;
    struct person p;

    f = fopen("person1.txt", "rt");
    if (f == NULL)
        return EXIT_FAILURE;

    person_read(f, &p);
```

```
    fclose(f);
    return 0;
}
```

Soluzione dell'Esercizio 3.1 – inverti

La funzione inverti() deve lavorare sulle singole cifre in base dieci di un valore numerico intero positivo. Pertanto utilizziamo la tecnica di calcolare il resto della divisione per una base, per estrarre la cifra meno significativa del numero. Una volta estratta una cifra, questa deve essere inserita nel numero di uscita spostando a sinistra di una posizione le altre cifre già presenti. Questo si ottiene moltiplicando per la base, ovvero 10. Il risultato è quindi un ciclo che va ripetuto fintanto che il numero contiene cifre da estrarre, ovvero finché è maggiore di 0.

```
/* inverti.c */

unsigned int inverti(unsigned int i) {
    unsigned int res = 0;

    while (i>0) {
        res = res * 10 + i % 10;
        i /= 10;
    }

    return res;
}
```

Main

Anche in questo caso il main() si limita a chiamare la funzione con alcuni numeri.

```
/* main.c */

extern unsigned int inverti(unsigned int i);

int main(void)
{
    unsigned int i;

    i = inverti(123);
    i = inverti(192837);
    i = inverti(73658);
    return 0;
}
```

Soluzione dell'Esercizio 3.2 – taylor-coseno

Come per molti esercizi sugli sviluppi in serie di Taylor, la sommatoria da n=0 a infinito viene tradotta in un ciclo che va avanti fino a che il risultato non cambia, ovvero finché la modifica dal passo n al passo n+1 è così piccola che non può essere salvata in una variabile di tipo double.

Scomponiamo poi la formula in tre parti: numeratore, denominatore e potenza. Tutte e tre possono essere aggiornate dal passo n al passo n+1 senza bisogno di ricalcolarle da zero a ogni giro. Il valore della soluzione ris viene inizializzato a 1 perché è il valore della formula quando n=0, il ciclo while partirà poi da n=1.

```
/* trigonometria.c */

double coseno(double x)
{
    unsigned int n = 0;
    double ris = 1, old;
    double num = 1;
    double den = 1;
    double pot = 1;

    do {
        // Salvo il risultato precedente
        old = ris;
        n++;

        // Aggiorno le 3 parti della formula
        num *= -1;
        den *= (2 * n)*(2 * n - 1);
        pot *= x*x;

        ris += num / den*pot;

        // Se old==ris vuol dire che ho finito la precisione del double, quindi esco
    } while (old != ris);

    return ris;
}
```

Main

Chiamiamo la funzione con diversi valori di angoli in radianti. Utilizziamo la libreria math.h e il #define _USE_MATH_DEFINES per poter usare il valore del pi-greco M_PI.

```
/* main.c */

#define _USE_MATH_DEFINES
```

```c
#include <math.h>

extern double coseno(double x);

int main(void) {
    double c;
    c = coseno(0.);
    c = coseno(M_PI);
    c = coseno(M_PI_2);
    c = coseno(M_PI_4);
    c = coseno(2.*M_PI / 3.);
    c = coseno(M_PI / 3.);
    c = coseno(M_PI / 6.);
    c = coseno(3 * M_PI_2);
    return 0;
}
```

Soluzione dell'Esercizio 3.3 – taylor-seno

Questo esercizio è estremamente simile all'Esercizio 3.4, con una semplice variante al numeratore.

La soluzione proposta divide la formula in tre parti:

- Il numeratore num, calcolato come: $(-1)^n$
- Il denominatore fat, calcolato come: $(2n + 1)!$
- La potenza pot, calcolata come: x^{2n+1}

A ogni ciclo le tre parti vengono aggiornato con il valore al passo n.

Questo può essere un esempio di utilizzo del costrutto do...while, dato che alla prima iterazione il valore di old è indefinito e quindi possiamo evitare di assegnargli un valore arbitrario. Assegnamo a res il valore 0, in modo che se x è zero, alla prima iterazione abbiamo già finito.

```c
/* calcola_seno.c */

double calcola_seno(double x) {
    unsigned n = 0;

    double res = 0, old;
    double num = 1; // Questo è il numeratore
    double fat = 1; // Questo è il fattoriale a denominatore
    double pot = x; // Questo contiene la potenza

    // Utilizziamo un do...while, tanto almeno una volta il ciclo
    // deve essere eseguito.
    do {
        old = res;
```

```
        res += num / fat*pot;

        // Prossimo valore di n
        n++;
        num *= -1;
        fat *= 2 * n * (2 * n + 1);
        pot *= x*x;
    } while (res != old);  // Appena converge abbiamo finito

    return res;
}
```

Main

Il `main()` deve solo servire a chiamare la funzione per valutare il risultato. In x mettiamo un valore di cui conosciamo il seno e verifichiamo che tutto funzioni.

```
/* main.c */

extern double calcola_seno(double x);

int main(void)
{
    double x = 3.14159265 / 4.0;
    double y;

    y = calcola_seno(x);  // y dovrebbe valere circa 0.707107
    return 0;
}
```

Soluzione dell'Esercizio 3.4 – taylor-seno-iperbolico

Nella formula del testo è presente una sommatoria da n=0 a infinito, che non può essere implementata direttamente. Per risolvere il problema (e generalmente tutti gli esercizi di sviluppo in serie di Taylor) basta notare che il valore della soluzione, all'aumentare di n, viene modificato con variazioni via via minori. Questo vuol dire che fermandoci a n=10 avremo una precisione minore rispetto a quella ottenibile fermandoci a n=20.

Quando fermarsi dunque? Ricordiamoci che il risultato andrà memorizzato in una variabile di tipo `double`, che ha una precisione finita; quando l'incremento al passo i-esimo sarà troppo piccolo per la precisione del `double` la soluzione non cambierà più (perché l'abbiamo modificata di un valore troppo piccolo per essere memorizzato in un `double`) ed allora ci fermeremo.

La soluzione proposta divide la formula in tre parti:

- Il numeratore num, sempre=1

- Il denominatore den, calcolato come: $(2n + 1)!$
- La potenza pot, calcolata come: x^{2n+1}

A ogni ciclo le tre parti vengono aggiornato con il valore al passo n.

```c
/* trigonometria.c */

double seno_iperbolico(double x) {
    unsigned int n = 0;

    double ris = 0, old = 1;
    double num = 1;
    double den = 1;
    double pot = x;

    // Il ciclo continua fintanto che il nuovo risultato è diverso dal vecchio risultato
    // Il ciclo si ferma quindi quando l'incremento è più piccolo della precisione del double
    while (old != ris) {
        old = ris;

        // num è sempre=1
        // den e pot vengono aggiornati a ogni giro
        ris += num / den*pot;

        n++;
        // Aggiornameto di denominatore e potenza
        // Evita l'uso di due cicli che ogni giro ricalcolano i due risultati
        den *= (2 * n)*(2 * n + 1);
        pot *= x*x;
    }
    return ris;
}
```

Main

Il main() chiama la funzione seno_iperbolico() con valori di angoli differenti (in radianti). È utile utilizzare la libreria math.h per controllare che il risultato calcolato dalla nostra funzione sia corretto (l'ultima cifra del double può comunque essere diversa, ma è un errore accettabile).

```c
/* main.c */

#include <math.h>

extern double seno_iperbolico(double x);

// Il main utilizza la funzione sinh() della libreria math.h per controllare
// il risultato della funzione seno_iperbolico()
```

```c
int main(void) {
    double ret, ris;
    ret = seno_iperbolico(0.);
    ris = sinh(0.);
    ret = seno_iperbolico(2.);
    ris = sinh(2.);
    ret = seno_iperbolico(4.);
    ris = sinh(4.);
    ret = seno_iperbolico(-2.);
    ris = sinh(-2.);
    ret = seno_iperbolico(-6.);
    ris = sinh(-6.);
    return 0;
}
```

Soluzione dell'Esercizio 3.5 – trigonometria-solve

Dobbiamo creare un ciclo che termina quando l'aggiornamento effettuato (differenza tra soluzione vecchia e soluzione nuova) è minore di una soglia fissata (1e-10). La cosa importante da notare è che la soluzione al passo n+1 è uguale alla soluzione al passo n più un termine.

```c
/* trigonometria.c */

#include <math.h>

double solve(double a) {
    double x;
    double cur = 0.;
    double diff = 0.;
    do {
        // la variabile x è xn nella formula del testo
        x = cur;
        // Il valore aggiornato è sempre quello al passo prima
        //  a cui viene sommata la seconda parte della formula
        cur = x + (cos(x) - a*x) / (sin(x) + a);
        // cur è il valore aggiornato xn+1
        diff = fabs(cur - x);
    } while (diff>1e-10);
    return x;
}
```

Main

Il main() chiama la funzione con valori diversi di a. La funzione solve() ritornerà il valore di x calcolato.

Come facciamo a sapere se la soluzione è corretta? Possiamo utilizzare il valore di x calcolato all'interno della formula $\cos(x) = a \cdot x$ e controllare che l'equazione verificata.

```c
/* main.c */

extern double solve(double a);

int main(void)
{
    double x;
    x = solve(0.5);
    x = solve(1.0);
    x = solve(1.5);
    x = solve(10.0);
    x = solve(100.0);
    return 0;
}
```

Soluzione dell'Esercizio 3.6 – cerca-primo

L'esercizio richiede di trovare la prima occorrenza in s di un qualsiasi carattere presente in list. Pertanto per ogni carattere di s cerchiamo se è uguale a uno dei caratteri di list.

Quindi scorriamo con un for tutti i caratteri di s eventualmente fino ad incontrare uno 0, poi facciamo lo stesso per list e se il carattere corrente di s è uguale al carattere di list, ne ritorniamo l'indirizzo.

Come calcoliamo l'indirizzo del carattere i-esimo di s? Potremmo utilizzare l'operatore & e scrivere &s[i], ma ricordiamo che l'operatore [] è un operatore dei puntatori che significa sommare a quello che c'è prima delle parentesi quello che c'è dentro le parentesi e poi applicare l'operatore di dereferenziazione. In breve

```c
s[i] <==> *(s+i)
```

(s+i) significa "dammi l'oggetto all'indirizzo s+i". Quindi scrivere &s[i] significa scrivere &(s+i), ovvero "dammi l'indirizzo dell'oggetto all'indirizzo s+i" che chiaramente sarà s+i. Pertanto ritorniamo s+i nella funzione.

Se usciamo dal for più esterno, non abbiamo trovato alcun carattere e quindi ritorniamo NULL.

```c
/* cerca.c */

#include <stdlib.h>

char *cerca_primo(char *s, const char *list) {
    for (size_t i = 0; s[i] != 0; i++) {
        for (size_t j = 0; list[j] != 0; j++) {
            if (s[i] == list[j]) {
                return s + i;
```

```
            }
        }
    }
    return NULL;
}
```

Main

`main()` essenziale che si limita a chiamare la funzione con un po' di stringhe di esempio che contengono caratteri presenti in `list`, oppure no. Verifichiamo anche che tutto funzioni se utilizziamo stringhe vuote.

```
/* main.c */

#include <stdlib.h>

char *cerca_primo(char *s, const char *list);

int main(void)
{
    char *p;

    p = cerca_primo("Prova di frase", "abc");
    p = cerca_primo("Prova di frase", "xyz");
    p = cerca_primo("Prova di frase", "");
    p = cerca_primo("", "abc");
    p = cerca_primo("Dov'e' la prima vocale?", "aeiou");
    return 0;
}
```

Soluzione dell'Esercizio 3.7 – formato-ishex

Prima di controllare il valore dei caratteri è consigliabile effettuare i controlli su NULL e sulla lunghezza della stringa. Poi si procede con il controllo dei primi due caratteri, che devono obbligatoriamete essere "0x" o "0X".

La parte più complicata è il controllo dei caratteri successivi, che possono essere sia cifre che lettere dalla 'a' alla 'f' maiuscole o minuscole. Per effettuare questo controllo una possibile soluzione sarebbe definire una funzione `is_char_hex()` che prende in ingresso un carattere c e controlla se c è una cifra esadecimale corretta, controllandone il valore ASCII (in modo simile a quanto visto nell'Esercizio 2.10).

```
int is_char_hex(char c)
{
    if (c >= '0' && c <= '9')
        return 1;
    if (c >= 'a' && c <= 'f')
        return 1;
```

```
    if (c >= 'A' && c <= 'F')
        return 1;
    return 0;
}
```

La soluzione proposta utilizza invece un metodo più semplice e flessibile, che prevede di
definire una stringa hex contenente tutti i caratteri validi. Dato un carattere c basta ricercare
c in hex per verificare la validità di c.

```
/* formato.c */

#include <string.h>

int is_hex(const char *s) {
    // Definisco una stringa statica con tutti i caratteri che considero validi
    char hex[] = "0123456789abcdefABCDEF";
    int i;

    // Prima di tutto controllo se s è NULL
    if (s == NULL)
        return 0;
    // Per essere valida deve avere almeno 3 caratteri
    // 0x (o 0X) e un carattere
    // Ma non può essere più lunga di 10 caratteri
    // 0x (o 0X) + 8 caratteri è il massimo
    if (strlen(s) < 3 || strlen(s) > 10)
        return 0;

    if (!(s[0] == '0'))
        return 0;
    if (!(s[1] == 'x' || s[1] == 'X'))
        return 0;

    for (i = 2; s[i] != 0; i++) {
        // Controllo tutti i caratteri della stringa
        // Se anche solo un carattere non è presente
        // in hex vuol dire che la stringa non è valida
        if (strchr(hex, s[i]) == NULL)
            return 0;
    }
    return 1;
}
```

Main

Il main() testa la funzione is_hex() con stringhe differenti in modo da testare completamente
le specifiche del testo.

```c
/* main.c */

#include <stdlib.h>

extern int is_hex(const char *s);

int main(void) {
    int ret = 0;
    // Stringhe valide
    ret = is_hex("0x1a");
    ret = is_hex("0X1a");
    ret = is_hex("0xff");
    ret = is_hex("0x1");
    ret = is_hex("0x123");
    ret = is_hex("0x1234");
    ret = is_hex("0x12345");
    ret = is_hex("0x12345678");
    ret = is_hex("0xaabbccdd");
    ret = is_hex("0xAABBCCDD");

    // Stringhe non valide
    ret = is_hex("0x123456789");
    ret = is_hex("0xabcdefgh");
    ret = is_hex("0x");
    ret = is_hex("0X");
    ret = is_hex("0");
    ret = is_hex("0ab");
    ret = is_hex("Ciao sono sbagliato");
    ret = is_hex("");
    ret = is_hex(NULL);
    return 0;
}
```

Soluzione dell'Esercizio 3.8 – parole-conta

L'esercizio richiede di riconoscere delle parole e contarle.

Bisogna rendersi conto che il concetto di parola qui espresso, non ha quasi nulla a che fare con il nostro: una parola è una qualsiasi sequenza di caratteri che non includa lo spazio. Quindi come identifichiamo una parola? Possiamo basarci sulla *transizione* da parola a non-parola o viceversa.

Siccome dobbiamo valutare un passaggio da uno stato (*sono dentro ad una parola*) ad un altro (*sono nello spazio tra due parole*), non è possibile basare la nostra decisione su un solo carattere. Dobbiamo conservare in qualche modo lo stato corrente e in base a quello prendere decisioni.

Il primo modo potrebbe essere quello di riconoscere la presenza di una parola quando osserviamo un carattere spazio seguito da un carattere non-spazio. In C, potremmo scrivere:

```
if (s[i] == ' ' && s[i + 1] != ' ')
    n++;
```

Questo deve essere fatto per tutti i caratteri, quindi:

```
for (size_t i = 0; s[i + 1] != 0; ++i) {
    if (s[i] == ' ' && s[i + 1] != ' ')
        n++;
}
```

Siamo obbligati a complicare un po' le cose perché se la stringa è vuota (contiene un solo byte uguale a 0) guardare il carattere di posizione 1 è un errore. Pertanto escludiamo questo caso con un semplice `if` iniziale. Inoltre dobbiamo gestire il caso in cui non ci sia uno spazio davanti alla prima parola: anche per questo includiamo un controllo. La soluzione finale diventa:

```
size_t conta_parole(const char *s) {
    if (s[0] == 0)
        return 0;

    size_t n;
    if (s[0] == ' ')
        n = 0;
    else
        n = 1;

    for (size_t i = 0; s[i + 1] != 0; ++i) {
        if (s[i] == ' ' && s[i + 1] != ' ')
            n++;
    }

    return n;
}
```

Varianti sul tema per complicarsi la vita...

Il secondo `if` è un classico caso dove si assegna un valore in base ad una condizione e può essere sostituito con l'operatore `?:`.

Inoltre l'`if` all'interno del `for` aumenta n di 1 se l'espressione condizionale vale 1 (in C infatti non esistono *vero* e *falso*) e non lo fa se vale 0. Quindi possiamo sostituire l'`if` con una somma!

Il risultato di tali cattiverie è:

```
size_t conta_parole(const char *s) {
    if (s[0] == 0)
        return 0;

    size_t n = s[0] == ' ' ? 0 : 1;
    for (size_t i = 0; s[i + 1] != 0; ++i)
        n += s[i] == ' ' && s[i + 1] != ' ';
```

```
    return n;
}
```

Non è un caso che il C sia considerato un linguaggio difficile. La difficoltà è proporzionale alla volontà di offuscare le proprie intenzioni.

Non aprite quella porta...

Insistendo su questa pericolosa strada si giunge alla versione seguente che ce la mette proprio tutta per esprimere il peggio del linguaggio C:

```
size_t conta_parole(const char *s) {
    size_t n = 0;
    if (*s)
        do
            n += *s++ != ' ' && (*s == ' ' || !*s);
        while (*s);
    return n;
}
```

Torniamo seri

Ma è questo il C? Per fortuna no. È possibile scrivere in modo leggibile bene anche in C. Lo *stato* in cui ci troviamo può essere reso esplicito con una variabile booleana, ovvero un int che possa valere 0 o 1. Nel seguito il risultato, decisamente più comprensibile (al costo di appena qualche riga in più).

```
/* conta.c */

#include <stdlib.h>

size_t conta_parole(const char *s) {
    if (s[0] == 0) // La stringa è vuota?
        return 0;  // Sì, quindi non ci sono parole

    int inparola; // Sono in una parola?
    if (s[0] == ' ')
        inparola = 0; // per ora no
    else
        inparola = 1; // sì, è già cominciata una parola

    size_t conta = 0;
    for (size_t i = 1; s[i] != 0; i++) {
        if (inparola) {
            if (s[i] == ' ') { // Sono in una parola e ho trovato uno spazio:
                conta++;       // è una parola in più e
                inparola = 0;  // sono uscito dalla parola
```

```
                }
            }
        else {
            if (s[i] != ' ') { // Non sono in una parola, ma ho incontrato un non-spazio:
                inparola = 1;   // allora è iniziata una nuova parola
            }
        }
    }

    if (inparola) // Alla fine del ciclo ero ancora in una parola, ma la stringa è finita:
        conta++;   // conto anche quest'ultima parola.
    return conta;
}
```

Main

Per testare la funzione, chiamiamola con tanti esempi diversi, inserendo liberamente spazi prima, dopo e tra le parole, non dimenticando di verificare i casi in cui di parole non ce n'è.

```
/* main.c */

#include <stdlib.h>

extern size_t conta_parole(const char *s);

int main(void)
{
    size_t n;

    n = conta_parole("una");
    n = conta_parole(" una");
    n = conta_parole("una ");
    n = conta_parole(" una ");

    n = conta_parole("una    due");
    n = conta_parole("una    due   tre ");
    n = conta_parole("   una due tre    quattro     ");

    n = conta_parole("");
    n = conta_parole(" ");
    n = conta_parole("   ");
    return 0;
}
```

Soluzione dell'Esercizio 3.9 – encrypt

Il problema è piuttosto chiaro e si tratta di criptare una sequenza di char eseguendone lo XOR con un valore fissato, ovvero applicare l'operatore ^ in C. Il valore esadecimale AA viene scritto in C come 0xAA o 0xaa.

Una versione praticamente anch'essa criptata della soluzione potrebbe essere:

```
void encrypt(char*s, size_t n){while(n--)*s++^=0xaa;}
```

Forse però è il caso di essere più chiari e quindi utilizzare un ciclo for per scorrere tutti gli elementi del vettore puntato da s. Ogni elemento, viene messo in una variabile temporanea, gli viene applicato lo XOR con AA e infine il risultato rimesso in s alla posizione corrente.

```
/* encrypt.c */

#include <stdlib.h>

void encrypt(char *s, size_t n) {
    for (size_t i = 0; i < n; ++i) {
        char val = s[i];

        val = val ^ 0xaa;

        s[i] = val;
    }
}
```

Main

Per testare la funzione e la sua capacità di essere invertibile quando applicata due volte, utilizziamo un array di char con un testo e ne memorizziamo la dimensione in una variabile n **con l'operatore sizeof** e non con strlen().

In questo caso particolare non è fondamentale la differenza, ma quello che stiamo facendo è di convertire tutto, incluso il terminatore. La sequenza risultante non è più 0 terminata! Se la sequenza di char contenesse un char che vale 170, troveremmo uno 0 (cioè un "terminatore") nella sequenza criptata, prima della sua fine.

Riapplicando la sequenza è possibile osservare la decodifica della stessa.

```
/* main.c */

#include <stdlib.h>

extern void encrypt(char *s, size_t n);

int main(void)
{
    char s[] = "Questa è una prova di stringa da criptare.";
```

```
        size_t n = sizeof s;

        encrypt(s, n);
        encrypt(s, n);
        return 0;
}
```

Soluzione dell'Esercizio 3.10 – itob

Per risolvere l'esercizio dobbiamo "estrarre" un bit alla volta da x, di tipo unsigned int. L'operazione può essere scomposta in 2 parti: estrazione del bit meno significativo di x e "spostamento" a destra di tutti i bit di x (la procedura poi si ripete).

Per estrarre il bit meno significativo da x abbiamo due modi

- Verificare se x è pari o dispari, valutando il risultato dell'espressione x%2
- Calcolare l'AND bit a bit con una maschera formata da tutti 0 e un 1 come bit meno significativo, utilizzando l'operatore &: x&1

Per "spostare" i bit di x a destra abbiamo due possibili soluzioni:

- Dividere il numero per 2. Infatti la metà di 10 (1010 in binario) è 5 (0101 in binario). Nota che questa soluzione non funziona con i numeri negativi.
- Utilizzare l'operatore di shift x>>n che è fa scorrere i bit di x verso destra per n posizioni.

Una possibile soluzione al problema che utilizza la divisione per 2 e il resto è la seguente:

```
void itob(unsigned int x, char *sz, size_t n) {
    for (int i=0; i<n; ++i) {
        sz[n-i-1] = '0' + (x % 2);
        x = x / 2;
    }
    // Aggiungo il terminatore
    sz[n] = 0;
}
```

La soluzione proposta utilizza invece lo shift e la maschera.

```
/* conversione.c */

#include <stdlib.h>

void itob(unsigned int x, char *sz, size_t n) {
    while (n > 0) {
        n--;
        // Shifto x a destra di n posizioni e ne faccio l'AND con la maschera
        int i = (x >> n) & 1;
        // i varrà 0 o 1, ottenendo quindi i caratteri '0' o '1'
        *sz = '0' + i;
        sz++;
```

```
    }
    // Aggiungo il terminatore
    *sz = 0;
}
```

Main

Il `main()` utilizza una funzione di supporto `main_test()` che testa la funzione `itob()` con diversi interi, stampando su `stdout` il risultato.

```c
/* main.c */

#include <stdlib.h>
#include <stdio.h>

extern void itob(unsigned int x, char *sz, size_t n);

void main_test(unsigned int x, size_t n)
{
    char sz[100];
    itob(x, sz, n);
    printf("x=%d in n=%d bit: itob() ha ritornato la stringa \"%s\".\n", x,n,sz);
}

int main(void)
{
    main_test(0, 8);
    main_test(1, 8);
    main_test(10, 8);
    main_test(100, 8);

    main_test(0x7f, 8);
    main_test(0x7fff, 16);
    main_test(0x7fffffff, 32);

    main_test(0xff, 8);
    main_test(0xffff, 16);
    main_test(0xffffffff, 32);
    return 0;
}
```

Soluzione dell'Esercizio 3.11 – histo

Dopo aver verificato che il puntatore non sia `NULL`, per ogni posizione in `values`, ovvero ogni valore minore di n, devo stampare una barretta di asterischi lunga quanto indicato in `values` alla posizione corrente. Quindi utilizzo un ciclo `for` fino al valore `values[i]`. Utilizzo la funzione `putchar()` per stampare i caratteri e per stampare un `<a capo>` alla fine della barretta.

```c
/* histo.c */

#include <stdio.h>

void histogram(const char *values, size_t n)
{
    // Nel caso values non sia valido esco
    if (values == NULL)
        return;

    // Per ogni posizione in values
    for (size_t i = 0; i < n; i++) {
        // Stampo tanti asterischi quando il valore alla posizione i-esima
        for (int j = 0; j < values[i]; j++)
            putchar('*');
        // Poi vado a capo
        putchar('\n');
    }
}
```

Main

Per testare la funzione utilizzo un array di `char` automatico sullo stack inizializzato a valori a piacere e poi invoco la `histogram()` passando come valore di n il risultato di `sizeof` fatto sull'istogramma. Siccome `sizeof` ritorna la dimensione della variabile in `char`, questo è anche il numero degli elementi in questo caso.

```c
/* main.c */

#include <stdio.h>

extern void histogram(const char *values, size_t n);

int main(void)
{
    char h[] = { 1, 2, 3 };
    puts("Primo istogramma:");
    histogram(h, sizeof h);
    puts("");

    char h2[] = { 12, 1, 6, 8, 3, 2, 2, 2, 4 };
    puts("Secondo istogramma:");
    histogram(h2, sizeof h2);
    puts("");
```

```
    return 0;
}
```

Soluzione dell'Esercizio 3.12 – matrix-isupper

Il testo da la definizione di matrice triangolare alta come una matrice i cui elementi a_i^j possono essere diversi da zero solo se il loro indice di riga è minore o uguale all'indice di colonna ($i \leq j$). Per risolvere l'esercizio è utile ribaltare la definizione scrivendo invece cos'è una matrice **non** triangolare alta. Tale matrice viola la definizione sopra indicata, ovvero è una matrice in cui compare almeno un elemento diverso da zero per cui $j < i$.

Quello che resta da capire è come iterare su tutti gli elementi per cui $j < i$, e quindi controllare se anche solo uno di questi elementi è diverso da zero.

```c
/* matrix.h */

#if !defined MATRIX_H
#define MATRIX_H

#include <stdlib.h>

struct matrix {
    size_t rows, cols;
    double *data;
};

extern int mat_isupper(const struct matrix *mat);

#endif /* MATRIX_H */

/* matrix.c */

#include "matrix.h"

int mat_isupper(const struct matrix *mat)
{
    size_t rows, cols, r, c;
    double *data;

    rows = mat->rows;
    cols = mat->cols;
    data = mat->data;

    // Scorro tutti gli elementi che hanno c<r
    for (r = 0; r < rows; ++r) {
        for (c = 0; c < r; ++c) {
```

```
            // Se trovo un elemento diverso da zero "sotto" la diagonale ho finito
            if (data[r*cols + c] != 0)
                return 0;
        }
    }
    return 1;
}
```

Main

Come per gli altri esercizi sulla matrici, è comodo utilizzare un array statico per inizializzare i dati delle `struct matrix`, evitando quindi di dover liberare la memoria a fine funzione con la `free()` (vedi Nota 6.5). Per verificare il corretto funzionamento della funzione occorre debuggare il programma e controllare il valore di ritorno di `mat_isupper()`.

```
/* main.c */

#include "matrix.h"

int main(void)
{
    // Alloco staticamente i dati della matrice con un array
    double data1[] = {
        1, 2,
        0, 3
    };
    // Creo ed inizializzo la matrice
    struct matrix mat1 = { 2, 2, data1 };
    int ret = mat_isupper(&mat1);

    double data2[] = {
        1, 2, 3,
        0, 4, 5,
        0, 6, 7
    };
    struct matrix mat2 = { 3, 3, data2 };
    ret = mat_isupper(&mat2);
    return 0;
}
```

Soluzione dell'Esercizio 3.13 – matrix-swapcols

La soluzione di questo esercizio è molto simile alla soluzione alternativa proposta per l'Esercizio 3.14. Si devono quindi scorrere le righe della matrice e scambiare gli elementi delle colonne `c1` e `c2`.

In questo caso non è possibile utilizzare la funzione memcpy(), perché i dati di una colonna non sono contigui (ricordarsi che i dati della matrice sono memorizzati per riga!).

```c
/* matrix.h */

#if !defined MATRIX_H
#define MATRIX_H

#include <stdlib.h>

struct matrix {
    size_t rows, cols;
    double *data;
};

extern void mat_swapcols(struct matrix *mat, size_t c1, size_t c2);

#endif /* MATRIX_H */


/* matrix.c */

#include "matrix.h"

void mat_swapcols(struct matrix *mat, size_t c1, size_t c2) {
    size_t rows, cols, r;
    double *data;

    rows = mat->rows;
    cols = mat->cols;
    data = mat->data;

    // Scorro tutte le righe
    for (r = 0; r < rows; ++r) {
        // r*m+c1 è l'indice del primo elemento della riga di indice c1
        double d = data[r*cols + c1];
        data[r*cols + c1] = data[r*cols + c2];
        data[r*cols + c2] = d;
    }
}
```

Main

Il main() crea una variabile di tipo struct matrix statica, inizializzata con un vettore statico di double. Quando si utilizzano le struct matrix, è utile la funzione mat_print(), definita nell'Esercizio 3.32, la cui chiamata è commentata nel seguente main.

```
/* main.c */

#include "matrix.h"

int main(void) {
    double data[] = {
        1, 2, 3,
        0, 4, 5,
        0, 6, 7
    };
    struct matrix mat = { 3, 3, data };
    // mat_print(&mat);
    mat_swapcols(&mat, 1, 2);
    // mat_print(&mat);
    return 0;
}
```

Soluzione dell'Esercizio 3.14 – matrix-swaprows

In questo esercizio non è richiesta alcuna allocazione di memoria, e la struct matrix passata per indirizzo deve essere modificata scambiando le righe indicate.

Una possibile soluzione prevede un ciclo che scorre le colonne della matrice e che scambia elemento per elemento delle righe r1 e r2:

```
void mat_swaprows(struct matrix *mat, size_t r1, size_t r2)
{
    double *data = mat->data;
    r1 *= mat->cols;
    r2 *= mat->cols;
    for (int c = 0; c < mat->cols; ++c) {
        int temp = data[r1 + c];
        data[r1 + c] = data[r2 + c];
        data[r2 + c] = temp;
    }
}
```

Una soluzione più elegante, proposta nel seguito, fa la copia dell'intera riga utilizzando la funzione memcpy() della libreria string.h, fornendosi di una riga di supporto allocata dinamicamente.

In entrambi i casi il file matrix.h contiene la dichiarazione della funzione e la definizione del tipo di dato struct matrix.

```
/* matrix.h */

#if !defined MATRIX_H
#define MATRIX_H
```

```c
#include <stdlib.h>

struct matrix {
    size_t rows, cols;
    double *data;
};

extern void mat_swaprows(struct matrix *mat, size_t r1, size_t r2);

#endif /* MATRIX_H */
```

```c
/* matrix.c */

#include "matrix.h"
#include <string.h>

void mat_swaprows(struct matrix *mat, size_t r1, size_t r2)
{
    size_t cols, rsize;
    double *data, *tmp;

    cols = mat->cols;
    data = mat->data;
    rsize = cols*sizeof(double);

    // Moltiplico r1 e r2 per il numero di colonne della matrice
    // r1 è l'indice del primo elemento della riga r1
    r1 *= cols;
    r2 *= cols;

    // Alloco abbastanza memoria da contenere una riga intera della matrice
    tmp = malloc(rsize);

    // Sfrutto il fatto che la matrice è memorizzata per righe
    // quindi i dati di una riga sono contigui
    // Faccio lo "scambio" delle righe
    memcpy(tmp, data + r1, rsize);
    memcpy(data + r1, data + r2, rsize);
    memcpy(data + r2, tmp, rsize);

    // Dealloco la memoria temporanea usata per lo scambio
    free(tmp);
}
```

Main

Il `main()` crea una variabile di tipo `struct matrix` statica, inizializzata con un vettore statico di double. Quando si utilizzano le `struct matrix`, è utile la funzione `mat_print()`, definita nell'Esercizio 3.32, la cui chiamata è commentata nel seguente main.

```c
/* main.c */

#include "matrix.h"

int main(void) {
    double data[] = {
        1, 2, 3,
        0, 4, 5,
        0, 6, 7
    };
    struct matrix mat = { 3, 3, data };
    // mat_print(&mat);
    mat_swaprows(&mat, 0, 2);
    // mat_print(&mat);

    return 0;
}
```

Soluzione dell'Esercizio 3.15 – matrix-diag

La soluzione segue esattamente quanto indicato dal testo:

1. alloco spazio per n `double` in `vet`
2. accedo agli elementi della diagonale principale con la formula `<riga> * <numero di colonne> + <colonna>`, in questo caso imponendo riga e colonna uguali a `i`
3. scrivo i valori in posizione `i` nel vettore di output
4. ritorno il vettore.

```c
/* matrici.h */

#if !defined MATRICI_H
#define MATRICI_H

#include <stdlib.h>

extern double *diag(double *matr, size_t n);

#endif  /* MATRICI_H */
```

```c
/* matrici.c */
```

```c
#include "matrici.h"

double *diag(double *matr, size_t n) {
    double *vet = malloc(n*sizeof(double));

    for (size_t i = 0; i < n; i++)
        vet[i] = matr[i*n + i];

    return vet;
}
```

Main

Eseguo il test della funzione con due semplici matrici quadrate 3×3 e 4×4 allocate sullo stack con un array. Come sempre non dimentico di liberare la memoria.

/ main.c */*

```c
#include "matrici.h"

int main(void)
{
    double A[] = {
        1, 2, 3,
        4, 5, 6,
        7, 8, 9
    };

    double *diagA = diag(A, 3);
    free(diagA);

    double B[] = {
         3,  6,  9, 12,
        15, 18, 21, 24,
        27, 30, 33, 36,
        39, 42, 45, 48
    };

    double *diagB = diag(B, 4);
    free(diagB);
    return 0;
}
```

Soluzione dell'Esercizio 3.16 – decode

Per risolvere questo esercizio leggiamo il file byte per byte, usando la `fgtec()` (vedi Nota 6.1). Il formato prevede due tipologie di caratteri: le cifre e tutto il resto. Per verificare se un carattere c è una cifra possiamo confrontarne il valore con i caratteri '0' e '9', come fatto per l'Esercizio 2.10. Se c è una cifra dovremo leggere il carattere successivo e mandarlo in output tante volte quanto il valore della cifra.

> Dato un carattere c contenete una cifra, ad esempio il carattere '4', come facciamo a ottenere il numero intero 4?
>
> Un modo semplice è sottrarre a c il valore del carattere '0' (quindi il suo codice ASCII), sfruttando quindi il fatto che le cifre hanno codici ASCII consecutivi.
>
> Scrivendo int a = '4'-'0' a varrà 4.

```c
/* decode.h */

#if !defined DECODE_H
#define DECODE_H

#include <stdio.h>

extern void decode(FILE *f);

#endif /* DECODE_H */

/* decode.c */

#include "decode.h"

#include <stdlib.h>
#include <string.h>

void decode(FILE *f)
{
    int c, d, i;

    while (1) {
        // Leggo un carattere
        c = fgetc(f);
        if (c == EOF)
            break;
        // Se non sono alla fine del file
        if (c >= '1' && c <= '9') {
            // Se il carattere è una cifra leggo il prossimo
            d = fgetc(f);
            if (d == EOF)
                break;
            // c-'0' equivale al numero di volte da ripetere
            // ad esempio '8' - '0' fa 8
            for (i = 0; i < c - '0'; ++i)
```

```
            putc(d, stdout);
        }
        else
            putc(c, stdout);
    }
}
```

Main

Nel `main()` dobbiamo aprire un file in modalità lettura tradotta, e passare il `FILE*` così ottenuto alla funzione decode.

```
/* main.c */

#include <stdio.h>
#include "decode.h"

int main(void)
{
    FILE *f;
    f = fopen("file1.txt", "rt");
    decode(f);
    fclose(f);
    return 0;
}
```

Soluzione dell'Esercizio 3.17 – disegni-capsula

Per affrontare quresto esecizio dividiamo il disegno in parti, che andranno implementate e debuggate una dopo l'altra. Prendiamo come esempio la capsula di lato 2, possiamo identificare 5 parti:

```
  __       1 <Prima riga>
 /  \      2 <Alto>
/    \     2
|    |     3 <Centro>
|    |     3
\    /     4 <Basso>
 \__/      5 <Ultima riga>
```

Ognuna di queste 5 parti si modifica al variare di n, la chiave per risolvere l'esercizio è capire come varia. La prima riga ad esempio è composta da n spazi iniziali, seguiti da n caratteri '_' e da a capo '\n'. <Alto>, <Centro> e <Basso> richiedono invece l'utilizzo di cicli. <Basso> è molto simile ad <Alto> ma si ferma una riga prima (n-1 cicli).

Per semplificare l'esercizio creiamo una funzione `ripeti()` che scrive su file un carattere c per n volte, in modo da evitare la scrittura di tanti cicli for.

```c
/* capsula.c */

#include <stdio.h>
#include <stdlib.h>
#include <string.h>

// Funzione di supporto che stampa il carattere c su f n volte
void ripeti(FILE *f, char c, unsigned char n)
{
    while (n > 0) {
        putc(c, f);
        n--;
    }
}

void capsula(FILE *f, unsigned char n)
{
    size_t i;

    /* Prima riga */
    ripeti(f, ' ', n);
    ripeti(f, '_', n);
    putc('\n', f);
    /* Alto */
    for (i = 0; i < n; ++i) {
        ripeti(f, ' ', n - 1 - i);
        putc('/', f);
        ripeti(f, ' ', n + 2 * i);
        putc('\\', f);
        putc('\n', f);
    }
    /* Centro */
    for (i = 0; i < n; ++i) {
        putc('|', f);
        ripeti(f, ' ', 3 * n - 2);
        putc('|', f);
        putc('\n', f);
    }
    /* Basso */
    for (i = n - 1; i > 0; --i) {
        ripeti(f, ' ', n - 1 - i);
        putc('\\', f);
        ripeti(f, ' ', n + 2 * i);
        putc('/', f);
        putc('\n', f);
    }
    /* Ultima riga */
```

```
        ripeti(f, ' ', n - 1);
        putc('\\', f);
        ripeti(f, '_', n);
        putc('/', f);
        putc('\n', f);
}
```

Main

Il `main()` chiama semplicemente la funzione `capsula()` con valori di n diversi. Per avere un riscontro immediato della stampa dei caratteri (molto utile per debuggare l'esercizio), utilizziamo come file destinazione `stdout`.

/ main.c */*

```
#include <stdio.h>
extern void capsula(FILE *f, unsigned char n);

int main(void)
{
    unsigned char n;
    for (n = 1; n < 10; ++n)
        capsula(stdout, n);
    return 0;
}
```

Soluzione dell'Esercizio 3.18 – disegni-cono

Stampare il cono richiede di trovare una formula per generalizzare il disegno delle righe intermedie, perché la prima e l'ultima riga sono diverse e richiedono un trattamento specifico.

La "punta" del cono è formata da $h + 1$ spazi e da un _. L'ultima riga è formata da un _, $2h - 1$ spazi e un altro _.

Per le righe intermedie chiamiamo 0 la prima riga sotto la punta, 1 la successiva e così via. Per ogni riga inseriamo un certo numero di spazi, un /, poi un altro po' di spazi e infine un \. Consideriamo il caso h=3 dell'esempio e numeriamo le righe (a è il segnaposto per la prima riga che non va considerata):

```
a:    _
0:   / \
1:  /   \
2:_/     \_
```

Scriviamo una tabella con il numero di spazi per ogni riga da 0 a 1:

riga	spazi prima	spazi in mezzo
0	3	1
1	2	3

riga	spazi prima	spazi in mezzo

Mhh... complicato. Proviamo con h=4:

```
a:     _
0:    / \
1:   /   \
2:  /     \
3:_/       \_
```

La tabella diventa:

riga	spazi prima	spazi in mezzo
0	4	1
1	3	3
2	2	5

Ok, la cosa inizia ad avere un senso (almeno per chi scrive...) gli spazi prima sono $h - i$ (i è l'indice di riga), mentre gli spazi in mezzo sono $2i + 1$. Ok, abbiamo quello che ci serve e possiamo fare una soluzione.

```c
/* cono.c */

#include <stdio.h>

void stampa_cono(unsigned int h)
{
    unsigned int i, j;

    if (h == 0) // Per sicurezza se h=0 non stampo nulla.
        return;

    // Ecco la prima riga: h+1 spazi e l'underscore
    for (i = 0; i < h + 1; i++)
        putchar(' ');
    puts("_"); // Notare l'<a capo> automatico di puts()

    for (i = 0; i < h; i++) { // Per le altre righe (inclusa l'ultima)
        if (i == h - 1) { // L'ultima riga ha un trattamento particolare
            putchar('_');
        }
        else {
            for (j = 0; j < h - i; j++) // h-i spazi prima
                putchar(' ');
        }
```

```
        putchar('/');  // diagonale

        for (j = 0; j < 2 * i + 1; j++) // 2i+1 spazi in mezzo
            putchar(' ');

        putchar('\\');  // altra diagonale
        if (i == h - 1) // finale dell'ultima riga
            putchar('_');
        putchar('\n'); // a ogni riga andiamo a capo
    }
}
```

Main

Stampiamo 10 coni con dimensioni variabili.

```
/* main.c */

extern void stampa_cono(unsigned int h);

int main(void)
{
    for (unsigned int i = 1; i < 10; ++i)
        stampa_cono(i);
    return 0;
}
```

Soluzione dell'Esercizio 3.19 – disegni-croce-romana

In modo simile a tutti gli altri esercizi in cui occorre disegnare una figura, andiamo a individuare le parti di cui è composto il disegno, ad esempio per n=2. Si possono individuare 3 parti:

```
    |          1 <Alto>
    |          1
----+----      2 <Centro>
    |          3 <Basso>
    |          3
    |          3
    |          3
```

<Alto> è composto da n righe (2 in questo caso) composte da n*2 spazi seguiti dal carattere '|'. <Centro> è composto da una sola riga con n*2 caratteri '-', un carattere '+' e nuovamente n*2 caratteri '-'. <Basso> è invece composto a n*2 righe del tutto simili alle righe di <Alto>.

Come per l'Esercizio 3.17, utilizziamo una funzione di supporto ripeti() per semplificare la stampa ripetuta di un carattere.

```c
/* croceromana.c */

#include <stdio.h>
#include <stdlib.h>

static void ripeti(FILE *f, char c, unsigned char n)
{
    while (n > 0) {
        putc(c, f);
        n--;
    }
}

void croceromana(FILE *f, unsigned char n)
{
    size_t i;

    /* Alto */
    for (i = 0; i < n; ++i) {
        ripeti(f, ' ', 2 * n);
        putc('|', f);
        putc('\n', f);
    }
    /* Centro */
    ripeti(f, '-', 2 * n);
    putc('+', f);
    ripeti(f, '-', 2 * n);
    putc('\n', f);
    /* Basso */
    for (i = 0; i < 2u * n; ++i) {
        ripeti(f, ' ', 2 * n);
        putc('|', f);
        putc('\n', f);
    }
}
```

Main

Il `main()` chiama semplicemente la funzione `croceromana()` con valori di n diversi. Per avere un riscontro immediato della stampa dei caratteri (molto utile per debuggare l'esercizio), utilizziamo come file destinazione `stdout`.

```c
/* main.c */

#include <stdio.h>
```

```
extern void croceromana(FILE *f, unsigned char n);

int main(void)
{
    for (unsigned char n = 1; n < 10; ++n) {
        croceromana(stdout, n);
        printf("\n");
    }
    return 0;
}
```

Soluzione dell'Esercizio 3.20 – disegni-cross

Un modo per risolvere l'esercizio è vedere la croce come una matrice su cui disegnare in alcune specifiche posizioni. Visto che ogni semi braccio della croce è lungo n, la croce occuperà un quadrato di $2n + 1$ caratteri.

Per scorrere una struttura bidimensionale, usiamo due for innestati con indici i e j. Poi analizziamo i diversi casi:

- se siamo al centro disegniamo la x
- se i==j siamo sulla diagonale principale e disegniamo \
- se i==2*n-j siamo sulla antidiagonale e disegniamo /
- altrimenti lasciamo uno spazio.

Alla fine di ogni riga andiamo a capo.

```
/* cross.c */

#include <stdio.h>

void stampa_cross(unsigned int n)
{
    for (unsigned int i = 0; i < 2 * n + 1; i++) {
        for (unsigned int j = 0; j < 2 * n + 1; j++) {
            if (i == n && j == n) // centro
                putchar('x');
            else if (i == j) // diagonale principale
                putchar('\\');
            else if (i == 2 * n - j) // antidiagonale
                putchar('/');
            else
                putchar(' ');
        }
        putchar('\n'); // fine riga
    }
}
```

Main

In questo test, mandiamo su `stdout` il valore corrente di `n`, stampiamo la croce e poi lasciamo una riga vuota. Ripetiamo per croci con bracci da 0 a 5.

```
/* main.c */

#include <stdio.h>

extern void stampa_cross(unsigned int n);

int main(void)
{
    for (unsigned int i = 0; i<6; i++) {
        printf("n = %u\n", i);
        stampa_cross(i);
        printf("\n");
    }
    return 0;
}
```

Soluzione dell'Esercizio 3.21 – disegni-quadrati

Il testo del problema non è chiarissimo su che cosa bisogna fare per quadrati di lato 0, quindi assumiamo che in quel caso non stampiamo nulla. Nel caso di quadrati di lato 1, invece assumo che la forma sia un semplice asterisco.

Risolti ora i casi particolari, in tutti gli altri casi possiamo spezzare il problema in: prima riga, parte verticale, ultima riga. La prima e l'ultima riga sono uguali, cioè una sequenza di `u` asterischi seguiti da un `<a capo>`.

Il centro del quadrato invece è una sequenza di `u-2` righe uguali. Ogni riga a sua volta è composta da un asterisco, `u-2` spazi, un'altro asterisco e infine un `<a capo>`.

Tutte le sequenze di caratteri sono realizzate con un `for` che ripete un certo numero di volte una `putchar()`. Notare anche l'uso dell'`<a capo>` automatico della `puts()`.

```
/* quadrati.h */

#if !defined QUADRATI_H
#define QUADRATI_H

extern void stampa_quadrato(unsigned int u);

#endif /* QUADRATI_H */

/* quadrati.c */
```

```c
#include "quadrati.h"
#include <stdio.h>

void stampa_quadrato(unsigned int u) {
    unsigned int i, j;

    if (u == 0) // Quadrato di lato 0
        return;
    if (u == 1) { // Quadrato di lato 1
        puts("*");
        return;
    }

    for (i = 0; i < u; i++) // Prima riga
        putchar('*');
    putchar('\n');

    for (i = 0; i < u - 2; i++) { // Righe centrali
        putchar('*');
        for (j = 0; j < u - 2; j++) { // Spazi in mezzo
            putchar(' ');
        }
        puts("*"); // A capo automatico dopo il *
    }

    for (i = 0; i < u; i++) // Ultima riga
        putchar('*');
    putchar('\n');
}
```

Main

Per fare una prova, stampo tutti i quadrati facendo variare il lato da 0 a 9.

```c
/* main.c */

#include <stdlib.h>
#include <stdio.h>
#include "quadrati.h"

int main(void)
{
    for (unsigned int i = 0; i < 10; ++i)
        stampa_quadrato(i);
    return 0;
}
```

Soluzione dell'Esercizio 3.22 – alterna

Ecco una soluzione molto compatta all'esercizio, che utilizza i puntatori per gestire tutto:

```
#include "alterna.h"

#include <stdlib.h>
#include <string.h>

char *alterna(const char *s1, const char *s2) {
    char *s = malloc(strlen(s1) + strlen(s2) + 1);
    char *r = s;
    while (*s1 != 0 || *s2 != 0) {
        if (*s1 != 0)
            *s++ = *s1++;
        if (*s2 != 0)
            *s++ = *s2++;
    }
    *s = 0;
    return r;
}
```

In questa soluzione non si fa ricorso alla sintassi [] per accedere all'elemento puntato da un puntatore a caratteri, ma si usano e modificano direttamente i puntatori. Il concetto è però sempre lo stesso: s deve puntare ad abbastanza memoria per contenere i caratteri di entrambe le stringhe più un terminatore. Tengo r come posizione iniziale di questa zona di memoria e poi finché ci sono caratteri in s1 o s2 li accodo a s.

Notare la sintassi molto usata in C che consente di accedere ad un elemento puntato e poi di spostarsi al successivo: *s++, questo non incrementa il valore del char puntato da s, ma direttamente s. Questa espressione contiene due operatori: * e ++. Chi ha la precedenza? Il ++. Sappiamo che s++ vale s e che al prossimo *sequence point* (il ; in questo caso) s verrà incrementato. Pertanto stiamo applicando l'operatore di dereferenziazione al valore attuale di s.

La stessa logica può comunque essere implementata utilizzando l'operatore di indirizzamento [] sui puntatori a char. Servono solo tre indici indipendenti per indirizzare i caratteri delle tre stringhe zero terminate:

```
/* alterna.h */

#if !defined ALTERNA_H
#define ALTERNA_H

extern char *alterna(const char *s1, const char *s2);

#endif /* ALTERNA_H */

/* alterna.c */
```

```
#include "alterna.h"

#include <stdlib.h>
#include <string.h>

char *alterna(const char *s1, const char *s2) {
    char *s = malloc(strlen(s1) + strlen(s2) + 1);

    size_t i = 0, j = 0, k = 0;
    while (s1[j] != 0 || s2[k] != 0) {
        if (s1[j] != 0) {
            s[i] = s1[j];
            i++;
            j++;
        }
        if (s2[k] != 0) {
            s[i] = s2[k];
            i++;
            k++;
        }
    }
    s[i] = 0;

    return s;
}
```

Main

Anche questo main non presenta particolari difficoltà: forniamo due stringhe alla funzione alterna, ne teniamo il risultato in una variabile p, che punterà alla memoria allocata e poi facciamo una free() alla fine.

```
/* main.c */

#include "alterna.h"
#include <stdlib.h>

int main(void)
{
    char *p = alterna("prova", "1234567");
    free(p);
    return 0;
}
```

Soluzione dell'Esercizio 3.23 – stringhe-rimuovi-multipli

La soluzione proposta parte allocando sufficiente memoria per contenere la stringa finale e siccome l'unica operazione della funzione `rimuovimultipli()` è la rimozione di caratteri doppi, partiamo allocando un'area di memoria grande come quella occupata dalla stringa originale `str`.

Un ciclo che scorre la stringa originale `str` controlla che l'ultimo carattere copiato sulla stringa di output `s` sia diverso dal carattere attuale di `str`: se è diverso lo copia e avanza, altrimenti avanza solamente.

```c
/* stringhe.c */

#include <stdlib.h>
#include <string.h>

char *rimuovimultipli(const char *str)
{
    size_t i, j, len;
    char *s;

    if (str == NULL)
        return NULL;

    len = strlen(str);
    // Alloco tutto lo spazio sufficiente (con il terminatore)
    // al massimo infatti la stringa s sarà grande come str
    s = malloc(len + 1);
    // Il primo carattere lo copio in tutti i casi
    s[0] = str[0];

    // Se len==0, la copia qui sopra ha copiato il terminatore
    if (len == 0)
        return s;

    j = 0;
    for (i = 1; i <= len; ++i) {
        // Appena trovo il primo carattere diverso da s[j] lo copio e avanzo j
        if (s[j] != str[i]) {
            ++j;
            s[j] = str[i];
        }
    }
    // Quando arrivo alla fine ridimensiono l'area di memoria correttamente
    // utilizzando la vera grandezza della stringa s (j + 1 per includere il terminatore)
    s = realloc(s, j + 1);
    return s;
}
```

Main

Utilizziamo una funzione di supporto `main_test()` che testa la funzione `rimuovimultipli()` su una stringa passata come parametro.

/ main.c */*

```c
#include <stdio.h>
#include <stdlib.h>

extern char *rimuovimultipli(const char *str);

void main_test(const char *str)
{
    char *s = rimuovimultipli(str);
    if (s != NULL)
        printf("\"%s\"", s); // Per stampare le " dobbiamo utilizzare l'escape: \"
    else
        printf("NULL");
    printf("\n");
    free(s);
}

int main(void)
{
    main_test("doppie");
    main_test("togliere tutte le ripppettizzzzzzionnnnni");
    main_test("         a       b       c       d         ");

    main_test(NULL);
    main_test("");
    main_test("          ");
    main_test("--------");
    return 0;
}
```

Soluzione dell'Esercizio 3.24 – trim

Per risolvere questo esercizio è necessario trovare tutti gli spazi all'inizio e alla fine della stringa. La soluzione utilizza due cicli:

- Il primo scorre la stringa dal primo carattere in avanti
- Il secondo scorre la stringa dall'ultimo carattere all'indietro. Utilizzerà la funzione `strlen()` per conoscere la lunghezza della stringa.

Entrambi i cicli vanno avanti finché trovano caratteri ' ' (spazio) memorizzando l'ultimo spazio trovato in una variabile.

All'inizio della funzione troveremo i controlli per NULL e stringa vuota, che è gestita separatamente dal caso generale.

> Si noti l'utilizzo di variabili di tipo intero senza segno come contatori all'avanti (variabile size_t i) e di variabili di tipo intero con segno come contatori all'indietro (variabile int f). La motivazione è la seguente:
>
> ```
> size_t i = 0;
> i = i-1;
> // i vale 4294967295! (non può essere <0)
> // Decrementare una variabile senza segno può essere pericoloso!
> ```

```c
/* trim.c */

#include <string.h>
#include <stdlib.h>

char *trim(const char *s)
{
    char *d;
    size_t i,j; // Contatori di supporto
    int f;

    // Controllo NULL prima di qualsiasi altra operazione
    if (s == NULL)
        return NULL;
    if (strlen(s) == 0) {
        d = malloc(1);
        d[0] = 0;
        return d;
    }

    // Ciclo che parte dal primo carattere di s
    //  e va avanti finché trova spazi
    for (i = 0; s[i] == ' '; ++i);
    // A questo punto i contiene il numero di spazi iniziali

    // Ciclo simile al precedente, ma parte dalla fine
    for (f = strlen(s)-1; f > i && s[f] == ' ';f--);

    // Il +2 serve per lasciare spazio all'ultimo carattere e al terminatore
    d = malloc(f - i + 2);

    // Copio tutti i caratteri da i a f
    for (j = i; j <= f; ++j)
        d[j - i] = s[j];
    // Aggiungo il terminatore
    d[j - i] = 0;
```

```
        return d;
}
```

Main

Il main() chiama la funzione trim() su stringhe diverse, l'unica accortezza che bisogna avere è di liberare la memoria allocata all'interno di trim() utilizzando la funzione free(p).

```
/* main.c */

#include <stdlib.h>
#include <string.h>

extern char *trim(const char *s);

int main(void)
{
    char *p;

    p = trim("prova");
    free(p);
    p = trim(" prova");
    free(p);
    p = trim(" prova ");
    free(p);
    p = trim("  prova  ");
    free(p);
    p = trim("   ");
    free(p);
    p = trim("");
    free(p);
    p = trim(NULL);
    free(p);
    p = trim("  test  test  test  ");
    free(p);
    return 0;
}
```

Soluzione dell'Esercizio 3.25 – unici

La funzione richiede di allocare dinamicamente memoria, quindi useremo le funzioni malloc(), realloc() ed eventualmente calloc(). La stringa di output sarà composta dai caratteri unici della stringa s passata come parametro. Per ottenere questo risultato dobbiamo verificare, per ogni carattere c di s, se c è già stato mandato in output. La ricerca di un carattere in una stringa C può essere effettuata utilizzando la funzione strchr() della libraria string.h. Una soluzione quindi può essere la seguente:

```c
char *unici(const char *s)
{
    char *rit = malloc(1);
    // Inizializzo il primo carattere col terminatore
    rit[0] = 0;
    size_t n = 0;

    // Per ogni carattere
    for (size_t i = 0; s[i] != 0; ++i) {
        // E' già stato visto?
        if (strchr(rit, s[i]) == NULL) {
            // Se no, aggiungi a ritorno
            rit = realloc(rit, n + 2);
            rit[n] = s[i];
            rit[n + 1] = 0;
            n++;
        }
    }
    return rit;
}
```

Un problema di questa soluzione è che, per ogni carattere di s, dobbiamo scorrere l'intera stringa di ritorno rit alla ricerca di quel carattere.

Notiamo che il problema ci richiede di lavorare con delle stringhe di caratteri, e il set di caratteri è limitato e noto a priori. Possiamo definire un vettore con un elemento per ogni possibile carattere incontrato e utilizzare il carattere stesso come indice! Ad esempio, creando un array con 256 elementi int v[256], l'elemento del vettore corrispondente al carattere a è proprio v['a'] ovvero v[97] utilizzando il codice ASCII di a. Possiamo quindi inizializzare il vettore a 0 e impostare l'elemento corrispondente ad un carattere trovato a 1 in modo da memorizzare che tale carattere è già stato inserito.

```c
/* stringhe.c */

#include <stdlib.h>
#include <string.h>

char *unici(const char *s)
{
    // Array che indica quali caratteri ho inserito
    int inseriti[256] = { 0 };
    char *rit = NULL;
    // Inizializzo il primo carattere col terminatore
    size_t n = 0;

    // Se la stringa passata è vuota ritorno una stringa vuota
    if (s[0] == 0)
        return calloc(1, 1);
```

```
    // Per ogni carattere
    for (size_t i = 0; s[i] != 0; ++i) {
        // E' già stato visto?
        if (inseriti[s[i]]==0) {
            // Mi segno che l'ho trovato
            inseriti[s[i]] = 1;
            // Se no, aggiungi a ritorno
            rit = realloc(rit, n + 2);
            rit[n] = s[i];
            n++;
            rit[n] = 0;
        }
    }
    return rit;
}
```

Main

Per testare la funzione chiamiamo unici() con stringhe diverse (compresa la stringa vuota).
Ricordiamoci di deallocare la memoria (funzione free()) puntata dal puntatore ritornato
da unici() prima di sovrascriverlo o terminare il programma.

```
/* main.c */

#include <stdlib.h>

extern char *unici(const char *s);

int main(void) {
    char *u;
    u = unici("ciaociao");
    free(u);
    u = unici("ciao casa");
    free(u);
    u = unici("");
    free(u);
    u = unici("xxxxxxxxxxxxxxxxxxxxxxxxxxxxxxxxxxxxxxxxxxxxxxxxxxxxxxxx");
    free(u);
    return 0;
}
```

Soluzione dell'Esercizio 3.26 – accoda-tuttifile

La soluzione deve eseguire quanto richiesto, quindi aprire fileConNomi in modalità "rt",
fileOutput in modalità "wb" e poi iniziare.

Per ogni linea del file di input, letta con `fgets()`, si rimuove l'ultimo carattere se è un `'\n'`, sostituendolo con 0. Poi si apre il file in lettura non tradotta e se non è possibile si continua alla prossima riga. Per ogni carattere presente nel file (notare che questo viene messo in una variabile di tipo `int` per consentire di distinguere `-1` da `'\xff'`. Si chiude il file e si continua.

Il ciclo termina se la funzione `fgets()` ritorna `NULL`.

```c
/* accoda.c */

#include <stdio.h>
#include <string.h>

int accodaTuttiFile(const char *fileConNomi, const char *fileOutput) {
    FILE *fnomi = fopen(fileConNomi, "rt");
    if (fnomi == NULL)
        return 0;

    FILE *fout = fopen(fileOutput, "wb");
    if (fout == NULL)
        return 0;

    size_t n = 0;
    char filename[256];
    while (fgets(filename, 256, fnomi) != NULL) {
        if (filename[strlen(filename) - 1] == '\n')
            filename[strlen(filename) - 1] = 0;
        FILE *f = fopen(filename, "rb");
        if (f == NULL)
            continue;

        int c;
        while ((c = fgetc(f)) != EOF)
            fputc(c, fout);

        fclose(f);
        n++;
    }

    fclose(fnomi);
    fclose(fout);
    return n;
}
```

Main

Per testare la funzione è sufficiente una sola chiamata. Nel file `elenco.txt` sono indicati 6 file, ma visto che il file `file0004.txt` non esiste, il valore di ritorno deve essere 5.

```c
/* main.c */

extern int accodaTuttiFile(const char *fileConNomi, const char *fileOutput);

int main(void)
{
    int res = accodaTuttiFile("elenco.txt", "output.txt");
    return 0;
}
```

Soluzione dell'Esercizio 3.27 – count-teenagers

Evidentemente questo esercizio è un'estensione dell'Esercizio 2.22. Pertanto per la lettura di una persona utilizziamo la funzione `person_read()` già scritta.

Il resto è piuttosto lineare: facciamo una `fscanf()` per leggere il primo intero, in modo da sapere il numero di righe, poi un ciclo `for` legge una persona in una variabile personale e un `if` ne controlla il campo `age`. Per motivi più estetici che altro, la condizione è scritta come `13 <= p.age && p.age <= 19` in modo da ricordare la più compatta notazione matematica $13 \leq age \leq 19$. Attenzione sempre all'operatore di AND logico che si scrive `&&`, ben diverso dall'operatore di AND bit a bit `&`.

```c
/* countteenager.c */

#include <stdio.h>

struct person {
    char name[256];
    unsigned int age;
};

void person_read(FILE *f, struct person *pp) {
    fscanf(f, "%s%u", pp->name, &pp->age);
}

size_t count_teenagers(FILE *f) {
    size_t u = 0, i, n;
    struct person p;

    if (fscanf(f, "%u", &n) != 1)
        return 0;
    for (i = 0; i < n; i++) {
        person_read(f, &p);
        if (13 <= p.age && p.age <= 19)
            u++;
    }
```

```
        return u;
}
```

Main

Il `main()` per effettuare i test è fondamentalmente una chiamata alla funzione preceduta dall'apertura del file.

```
/* main.c */

#include <stdlib.h>
#include <stdio.h>
#include <string.h>

extern size_t count_teenagers(FILE *f);

int main(void) {
    FILE *f = fopen("people1.txt", "rt");
    if (f == NULL) {
        return EXIT_FAILURE;
    }
    size_t u = count_teenagers(f);

    fclose(f);
    return 0;
}
```

Soluzione dell'Esercizio 3.28 – read-file

L'esercizio richiede di leggere tutti i byte presenti in un file. Per questo è sufficiente conoscere la dimensione del file ed effettuare una chiamata a `fread()`. Per trovare la dimensione utilizziamo ad esempio la tecnica di saltare alla fine del file con `fseek()`, richiedere la posizione corrente con `ftell()` e infine tornare all'inizio sempre con `fseek()`. Una sola `malloc()` consente di riservare la memoria necessaria.

```
/* read_file.h */

#if !defined READ_FILE_H
#define READ_FILE_H

#include <stdlib.h>

typedef unsigned char byte;

extern byte *read_file(const char *szFileName, size_t *cb);
```

```
#endif /* READ_FILE_H */

/* read_file.c */

#include "read_file.h"

#include <stdio.h>

byte *read_file(const char *szFileName, size_t *cb)
{
    // Apro il file in modalità non tradotta (binaria)
    FILE *f = fopen(szFileName, "rb");
    // Verifico di essere riuscito ad aprire il file
    if (f == NULL)
        return NULL;

    // Salto alla fine
    fseek(f, 0, SEEK_END);
    // Leggo la posizione corrente
    *cb = ftell(f);
    // Torno all'inizio
    fseek(f, 0, SEEK_SET);

    // Alloco la memoria necessaria (non serve alcun terminatore, dato che questa
    // non è una stringa C)
    byte *buf = malloc(*cb);
    // Effettuo la lettura
    fread(buf, 1, *cb, f);

    // Chiudo il file
    fclose(f);
    return buf;
}
```

Main

Provare la funzione richiede solo di chiamarla con il nome dei file di esempio. Come sempre, ricordiamoci di liberare la memoria allocata.

```
/* main.c */

#include "read_file.h"

int main(void)
{
    size_t cb;
    byte *data;
```

```
    // Chiamo la funzione (notare l'operatore indirizzo per cb)
    data = read_file("prova.txt", &cb);
    // Libero la memoria
    free(data);

    data = read_file("aip.txt", &cb);
    free(data);
    return 0;
}
```

Soluzione dell'Esercizio 3.29 – merge-vettori

La soluzione non richiede particolari accorgimenti. Procedo come al solito allocando la memoria sull'heap per la struttura dati vettore, calcolo la dimensione del vettore (somma delle dimensioni dei due vettori passati come parametro), alloco la memoria per i dati e infine utilizzo la funzione memcpy per copiare i dati dai due vettori.

Notare l'#include della libreria <string.h> per avere la dichiarazione di memcpy.

```
/* vettori.h */

#if !defined VETTORI_H
#define VETTORI_H

#include <stdlib.h>

struct vettore {
    size_t n;
    double *data;
};

extern struct vettore *mergeVettori(const struct vettore *a,
    const struct vettore *b);

#endif /* VETTORI_H */

/* vettori.c */

#include "vettori.h"
#include <string.h>

struct vettore* mergeVettori(const struct vettore *a,
    const struct vettore *b)
{
    // Alloco la memoria per il vettore
    struct vettore *v = malloc(sizeof(struct vettore));
```

```
    v->n = a->n + b->n;
    // Alloco la memoria per i dati
    v->data = malloc(v->n*sizeof(double));
    // Copio i dati di a in v a partire da 0
    memcpy(v->data, a->data, a->n*sizeof(double));
    // Copio i dati di b in v a partire dal primo elemento
    // dopo quelli di a
    memcpy(v->data + a->n, b->data, b->n*sizeof(double));
    return v;
}
```

Main

Il main definisce due vettori sullo stack impostando anche i puntatori ai dati all'indirizzo di dati sullo stack, poi chiama la funzione e libera opportunamente la memoria inizializzata.

```
/* main.c */

#include "vettori.h"

int main(void)
{
    /* Dichiaro dei vettori sullo stack e faccio puntare i loro dati
       ad un array statico */
    double ad[] = { 0.1, 0.2, 0.3 };
    struct vettore a = { 3, ad };

    double bd[] = { 0.4, 0.5, 0.6 };
    struct vettore b = { 3, bd };

    struct vettore *p = mergeVettori(&a, &b);

    /* è importante liberare la memoria anche nei test, per verificare
       di non aver commesso errori durante l'allocazione. */
    free(p->data);
    free(p);
    return 0;
}
```

Soluzione dell'Esercizio 3.30 – matrix-write

L'esercizio richiede di saper accedere agli elementi di una matrice, ovvero di calcolare l'indice nel puntatore ai dati con `<indice di riga> * <numero colonne> + <indice di colonna>`. Il resto è solo utilizzo della funzione `fprintf()`.

Tanto per sicurezza verifichiamo che la matrice abbia righe o colonne e se le colonne o le righe sono 0, usciamo senza provare a stamparne il contenuto.

```c
/* matrix.h */

#if !defined MATRIX_H
#define MATRIX_H

#include <stdlib.h>
#include <stdio.h>

struct matrix {
    size_t rows, cols;
    double *data;
};

extern void matrix_write(const struct matrix *matr, FILE *f);

#endif /* MATRIX_H */
```

```c
/* matrix.c */

#include "matrix.h"

void matrix_write(const struct matrix *matr, FILE *f)
{
    // Invio a file righe e colonne seguite da <a capo>
    fprintf(f, "%u\n%u\n", matr->rows, matr->cols);

    // Evito di accedere a matrici vuote
    if (matr->cols == 0)
        return;

    // Per ogni riga
    for (size_t r = 0; r < matr->rows; r++) {
        // Stampo il primo elemento
        fprintf(f, "%f", matr->data[r*matr->cols]);
        // Per i restanti elementi della riga
        for (size_t c = 1; c < matr->cols; c++) {
            // Stampo il separatore (tab) e l'elemento
            fprintf(f, "\t%f", matr->data[r*matr->cols + c]);
        }
        // Chiudo la riga con un <a capo>
        fprintf(f, "\n");
    }
}
```

Main

Il `main()` inizializza i dati delle `struct matrix` con array statici e chiama la funzione utilizzando come file di output `stdout`.

```
/* main.c */

#include <stdlib.h>
#include <stdio.h>

#include "matrix.h"

int main(void)
{
    // Inizializzo le matrici con array statici
    double ad[] = {
        1, 2, 3,
        4, 5, 6
    };
    struct matrix a = { 2, 3, ad };

    // Mando l'output su stdout
    matrix_write(&a, stdout);

    double bd[] = {
        0.933705,   0.923426,   0.977703,
        0.421450,   0.552091,   0.290288,
        0.761847,   0.051408,   0.591021
    };
    struct matrix b = { 3, 3, bd };
    matrix_write(&b, stdout);
    return 0;
}
```

Soluzione dell'Esercizio 3.31 – capovolgi

L'esercizio chiede di leggere tutto il contenuto di un file e di scriverlo al contrario su un altro file. Per eseguire questa operazione si deve per forza caricare tutto il file in memoria, siccome non possiamo scrivere niente sul file di output prima di aver finito la lettura del file di input.

La prima soluzione che proponiamo utilizza un ciclo `while()` che legge un byte alla volta e lo salva in memoria allocando opportunamente lo spazio necessario (vedi Nota 6.1). Una volta caricato tutto il file in memoria possiamo scorrere i dati al contrario e scriverli sull'output.

```
int capovolgi(const char *filein, const char *fileout)
{
    FILE *origine = fopen(filein, "rb");
    if (origine == NULL) {
```

```
        return 0;
    }
    FILE *destinazione = fopen(fileout, "wb");
    if (destinazione == NULL) {
        return 0;
    }

    // Puntatore al vettore di byte temporaneo
    char *stringa = NULL;
    size_t lunghezza = 0;
    while (1) {
        int c = fgetc(origine);
        if (c == EOF)
            break;
        // Per ogni carattere allungo la memoria e lo inserisco
        stringa = realloc(stringa, lunghezza + 1);
        stringa[lunghezza] = c;
        lunghezza++;
    }
    // Scrivo carattere per carattere a partire dalla fine
    while (lunghezza > 0) {
        lunghezza--;
        fwrite(stringa + lunghezza, 1, 1, destinazione);
    }
    fclose(origine);
    fclose(destinazione);
    free(stringa);
    return 1;
}
```

Un difetto di questa soluzione è che dobbiamo chiamare la funzione realloc per ogni byte letto, e su file molto grandi può causare rallentamenti.

La soluzione proposta calcola prima la grandezza del file di input e poi legge tutti i dati in un colpo solo. Per calcolare la grandezza del file vengono usate le funzioni fseek() e ftell() della libreria stdio.h. Conoscere la grandezza del file prima di leggere i dati ci consente di fare una sola allocazione di memoria con malloc() e di leggere l'intero file con una sola chiamata alla funzione fread().

```
/* capovolgi.c */

#include <stdio.h>
#include <stdlib.h>

int capovolgi(const char *filein, const char *fileout)
{
    // Apro il file in modalità lettura nontradotta (binaria)
    FILE *origine = fopen(filein, "rb");
    if (origine == NULL) {
```

```
        return 0;
    }

    FILE *destinazione = fopen(fileout, "wb");
    if (destinazione == NULL) {
        return 0;
    }

    // Vado alla fine del file
    fseek(origine, 0, SEEK_END);
    // Uso ftell per sapere la grandezza del file
    int lunghezza = ftell(origine);
    // Torno all'inizio del file
    fseek(origine, 0, SEEK_SET);

    // So quanto è grande il file, posso fare un'unica malloc
    char *stringa = malloc(lunghezza);

    // Leggo tutto il file con una sola fread()
    fread(stringa, 1, lunghezza, origine);
    fclose(origine);

    // Scrivo carattere per carattere a partire dalla fine
    while (lunghezza > 0) {
        lunghezza--;
        fwrite(stringa + lunghezza, 1, 1, destinazione);
    }
    fclose(destinazione);

    // Dealloco la memoria che non mi serve più
    free(stringa);
    return 1;
}
```

Main

Chiamiamo la funzione sui file di supporto all'esercizio.

```
/* main.c */

extern int capovolgi(const char *filein, const char *fileout);

int main(void) {
    int ris;
    ris = capovolgi("file1", "out1");
    ris = capovolgi("file2", "out2");
    ris = capovolgi("file3.sdf", "out3");
```

```
        return 0;
}
```

Soluzione dell'Esercizio 3.32 – matrix-matcopy

La soluzione prevede l'allocazione dinamica di una nuova `struct matrix`. Le allocazioni da fare sono due:

- La prima allocazione crea lo spazio per contenere una `struct matrix`, ovvero due `size_t` e un `double*`
- La seconda allocazione crea lo spazio per i dati (a cui punterà il puntatore `data`)

Una volta allocata la nuova matrice dovremo copiare i dati della matrice originale in quella appena creata.

```
/* matrix.h */

#if !defined MATRIX_H
#define MATRIX_H

#include <stdlib.h>

// La definizione della struct va fatta nel .h!
// Così è visibile in tutti file .c che includono questo file scrivendola una sola volta
struct matrix {
    size_t rows, cols;
    double *data;
};

extern struct matrix *mat_copy(const struct matrix *mat);

#endif /* MATRIX_H */


/* matrix.c */

#include "matrix.h"
#include <memory.h>

struct matrix *mat_copy(const struct matrix *mat)
{
    size_t rows,cols;
    struct matrix *ret;

    // Alloco lo spazio per la struct matrix da ritornare
    ret = malloc(sizeof(struct matrix));
    // N e M di ret saranno uguali a quelli di mat
    // Notare che ret e mat sono puntatori a struct matrix
```

```
//  per accedere a un loro campo occorre usare ->
rows = ret->rows = mat->rows;
cols = ret->cols = mat->cols;

// Alloco lo spazio per i dati
ret->data = malloc(rows*cols*sizeof(double));

// Sintassi di memcopy:
//  memcpy(destinazione,sorgente,dimensione in byte)
memcpy(ret->data, mat->data, rows*cols*sizeof(double));

return ret;
}
```

Main

Il `main()` dovrà creare una matrice e passarla per indirizzo alla funzione `mat_copy()`.

Il campo **data** della matrice deve puntare a un'area di memoria contigua contenente i valori (di tipo **double**) della matrice. L'area di memoria può essere sullo stack o sull'heap. Nel main proposto viene usato un vettore statico (quindi sullo stack).

Viene proposta anche una funzione `mat_print()`, che data una **struct matrix** la stampa su stdout. La funzione `mat_print()` non è necessaria per risolvere l'esercizio ma è molto utile per debuggare la soluzione.

```
/* main.c */

#include <stdlib.h>
#include <stdio.h>
#include <string.h>
#include "matrix.h"

// Funzione per stampare su stdout una matrice
void mat_print(const struct matrix *mat)
{
    size_t rows, cols, r, c;
    double *data;

    rows = mat->rows;
    cols = mat->cols;
    data = mat->data;

    for (r = 0; r < rows; ++r) {
        // %6.3f vuol dire che il campo sarà lungo come minimo 6 caratteri
        //  e che il numero avrà 3 cifre dopo la virgola
        printf("%6.3f", *data);
        data++;
        for (c = 1; c < cols; ++c) {
```

```
            printf(" %6.3f", *data);
            data++;
        }
        // Alla fine di ogni riga vado a capo
        printf("\n");
    }
}

int main(void)
{
    // I dati sono specificati in un vettore statico
    double data[] = {
        1, 2,
        0, 3
    };
    // Inizializzo mat con il puntatore a data
    struct matrix mat = { 2, 2, data };
    struct matrix *ret;

    printf("Matrice originale:\n");
    mat_print(&mat);
    ret = mat_copy(&mat);
    printf("Matrice copiata:\n");
    mat_print(ret);
    // Prima libero la memoria del puntatore data
    free(ret->data);
    // Poi libero la memoria ret, che punta alla struct matrix
    free(ret);
    return 0;
}
```

Soluzione dell'Esercizio 3.33 – sample-leggi-scrivi

Per risolvere questo esercizio si richiede la lettura e scrittura su file aperto in modalità binaria di diversi tipi di dato. Le funzioni da usare sono fread() e fwrite(). È fondamentale ricordarsi che in entrambe le funzioni il primo parametro è il puntatore ai dati da leggere/scrivere.

> Nota sul valore di ritorno di fread() e fwrite(): Entrambe le funzioni hanno come valore di ritorno il numero di **elementi** letti/scritti. Ma che cos'è di preciso un elemento?
>
> Diamo un'occhiata alla dichiarazione di fread() (del tutto simile a fwrite()):
>
> extern size_t fread(void* buffer, size_t size, size_t count, FILE* stream);
>
> Il secondo parametro è la **grandezza** in byte di ciascun elemento da leggere,

il terzo è il **numero** di elementi.

Applicando questa definizione all'esercizio specifico, per la lettura del campo nomeCategoria di struct sample(array di 20 caratteri), abbiamo due possibili modi per leggerne il valore:

```
fread(s->nomeCategoria, sizeof(char), sizeof s->nomeCategoria, f);
```

Una lettura andata a buon fine ritornerà il valore **20**. Infatti abbiamo chiesto a fread di leggere 20 elementi di dimensione 1 byte ciascuno.

```
fread(s->nomeCategoria, sizeof s->nomeCategoria, 1, f);
```

In questo caso, una lettura andata a buon fine ritornerà il valore **1**. Infatti abbiamo chiesto a fread di leggere 1 elemento di dimensione 20 byte.

```
/* sample.h */

#if !defined SAMPLE_H
#define SAMPLE_H

#include <stdio.h>

struct sample {
    int     idSample;
    char    nomeCategoria[20];
    double  accuracy;
};

extern int sample_scrivi(FILE* f, const struct sample* s);
extern int sample_leggi(FILE* f, struct sample* s);

#endif /* SAMPLE_H */


/* sample.c */

#include "sample.h"

int sample_scrivi(FILE* f, const struct sample* s)
{
    if (fwrite(&s->idSample, sizeof(int), 1, f) != 1)
        return 0;
    // s->nomeCategoria è un array di 20 caratteri
    // Passato alla fwrite come primo parametro decade a puntatore al primo elemento
    // sizeof s->nomeCategoria ritorna la gradezza in byte dell'array di caratteri
    if (fwrite(s->nomeCategoria, sizeof(char), sizeof s->nomeCategoria, f) !=
        sizeof s->nomeCategoria)
        return 0;
    if (fwrite(&s->accuracy, sizeof(double), 1, f) != 1)
        return 0;
    return 1;
```

```
}

int sample_leggi(FILE* f, struct sample* s)
{
    if (fread(&s->idSample, sizeof(int), 1, f) != 1)
        return 0;
    if (fread(s->nomeCategoria, sizeof(char), sizeof s->nomeCategoria, f) !=
        sizeof s->nomeCategoria)
        return 0;
    if (fread(&s->accuracy, sizeof(double), 1, f) != 1)
        return 0;
    return 1;
}
```

Main

Per testare correttamente entrambe le funzioni dobbiamo scrivere e leggere più di un `struct sample`, e questo aumenta notevolmente la complessità della funzione.

Prima di tutto vediamo come inizializzare una `struct sample` nel momento della definizione della variabile:

```
struct sample s = {1, "cat1", 0.76}; // I campi vanno inseriti come specificato
                                     // nella dichiarazione del tipo di dato struct sample
```

D'altra parte anche un vettore statico (ad esempio di `int`) si può inizializzare durante la definizione:

```
int a[] = {1,2,3,4,5};
```

Combinando le due cose possiamo definire e inizializzare un vettore statico di `struct sample` nello stesso momento:

```
    struct sample samples[] = {
        { 1, "cat1", 0.76 },
        { 2, "cat1", 0.26 },
        { 3, "cat4", 0.04 },
        { 4, "cat3", 0.45 },
        { 5, "cat4", 0.55 },
    };
/* main.c */

#include <stdlib.h>
#include <stdio.h>
#include <string.h>

#include "sample.h"

int main(void)
{
```

```c
// Inizializzazione di un vettore di struct
struct sample samples[] = {
    { 1, "cat1", 0.76 },
    { 2, "cat1", 0.26 },
    { 3, "cat4", 0.04 },
    { 4, "cat3", 0.45 },
    { 5, "cat4", 0.55 },
};
FILE *f;
size_t i;

f = fopen("sample1.bin", "wb");
if (!f) { // Controllo che il file sia stato aperto correttamente
    printf("Impossibile creare il file \"sample1.bin\"\n");
    return;
}
for (i = 0; i < sizeof samples / sizeof samples[0]; ++i)
    sample_scrivi(f, samples + i);  // samples+i è l'indirizzo dell'i-esimo sample
fclose(f);

f = fopen("sample1.bin", "rb");
if (!f) {
    printf("Impossibile aprire il file \"sample1.bin\"\n");
    return;
}

struct sample s;
// Leggo tutti i sample
while (1) {
    if (!sample_leggi(f, &s))
        break;
}
fclose(f);
return 0;
}
```

Soluzione dell'Esercizio 3.34 – fgetsmalloc

La soluzione comporta la lettura di caratteri da file, fintanto che non si incontra il carattere a capo ('\n') o la fine del file (EOF). Pertanto, occorre utilizzare un ciclo che legge un carattere alla volta, utilizzando ad esempio la funzione fgetc() (vedi Nota 6.1).

Se il carattere da leggere è valido, bisogna accodare il carattere alla stringa da ritornare. Per fare questo "allunghiamo" di 1 byte la lunghezza dell'area di memoria con la realloc() e poi accodiamo il carattere.

Quando esco dal ciclo di lettura devo riservare lo spazio per il terminatore e accodarlo.

```
/* lettura.h */

#if !defined LETTURA_H
#define LETTURA_H

#include <stdio.h>

extern char *fgets_malloc(FILE *f);

#endif /* LETTURA_H */


/* lettura.c */

#include "lettura.h"
#include <stdlib.h>
#include <string.h>

char *fgets_malloc(FILE *f)
{
    // Puntatore all'area di memoria che conterrà la stringa
    char *s = NULL;
    // Contatore della lunghezza della stringa
    size_t len = 0;
    int c;
    for (;;) {
        // Leggo un carattere
        c = fgetc(f);
        // Se è <acapo> o end of file termino il ciclo
        if (c == EOF || c == '\n')
            break;
        // Ho letto un carattere valido quindi lo accodo alla stringa
        // Prima faccio una realloc di 1 byte per fare posto al carattere corrente
        ++len;
        s = realloc(s, len);
        s[len - 1] = c;
    }

    // Se non ho allocato nulla, ma sono già alla fine del file ritorno NULL
    if (s == NULL && c == EOF)
        return NULL;

    // Creo posto per il terminatore
    s = realloc(s, len + 1);
    // Aggiungo il terminatore come ultimo carattere della stringa
    s[len] = 0;
    return s;
}
```

Main

Il `main()` apre uno dei file a disposizione in modalità lettura tradotta `"rt"` e all'interno di un ciclo chiama la funzione `fgets_malloc()` fintanto che questo non ritorna `NULL`. La funzione `printf()` viene usata per stampare la stringa ritornata. La memoria allocata dalla funzione `fgets_malloc()` deve essere infine deallocata a ogni ciclo.

```c
/* main.c */

#include <stdlib.h>
#include <stdio.h>
#include "lettura.h"

int main(void) {
    FILE *f;
    char *tmp;

    // Apro il file in modalità lettura tradotta (testo)
    f = fopen("file1.txt", "rt");
    if (!f)
        return;

    while (1) {
        tmp = fgets_malloc(f);
        if (tmp == NULL)
            return;
        printf("%s\n", tmp);
        // Libero la memoria allocata dinamicamente da fgets_malloc
        free(tmp);
    }
    fclose(f);
    return 0;
}
```

Soluzione dell'Esercizio 3.35 – vettore-leggi

la lettura di un vettore va divisa in due parti:

1. Lettura dell'intero senza segno `size` a 8 bit che specifica la lunghezza del vettore
2. Lettura dei dati del vettore

Dopo aver letto il campo `size` conosciamo la lunghezza del vettore da leggere quindi allochiamo la memoria necessaria con una `malloc()`. Se le letture non vanno a buon fine (controllo del valore di ritorno di `fread()`) devo interrompere la lettura e ritornare 0.

```c
/* vettori.h */
```

```
#if !defined VETTORI_H
#define VETTORI_H

#include <stdio.h>

struct vettore {
    unsigned char size;
    double *data;
};

extern int vettore_leggi(FILE* f, struct vettore* v);

#endif /* VETTORI_H */

/* vettori.c */

#include "vettori.h"
#include <stdlib.h>

int vettore_leggi(FILE* f, struct vettore* v)
{
    // Leggo il numero intero senza segno a 8 bit che indica la lunghezza del vettore
    if (fread(&v->size, 1, 1, f) != 1)
        return 0;
    // Alloco lo spazio necessario a contenere l'intero vettore
    v->data = malloc(v->size*sizeof(double));
    if (fread(v->data, sizeof(double), v->size, f) != v->size)
        return 0;
    return 1;
}
```

Main

Il main() utilizza uno dei file di supporto all'esercizio e continua a leggere vettori dal file terminando solamente quando la funzione vettore_leggi() ritorna 0. Viene utilizzata una sola variabile di supporto per leggere i vettori (struct vettore v) i cui dati vengono via via allocati da vettore_leggi() e deallocati da una free().

```
/* main.c */

#include <stdlib.h>
#include <stdio.h>
#include "vettori.h"

int main(void)
{
```

```
    FILE *f;
    struct vettore v = { 0, NULL };

    f = fopen("vettori1.bin", "rb");
    if (!f) {
        printf("Impossibile aprire il file\n");
        return;
    }
    // Numero di vettori letti
    int n = 0;
    while (1) {
        if (!vettore_leggi(f, &v))
            break;
        n++;
        v.size = 0;
        // Libero la memoria allocata da vettore_leggi
        free(v.data);
    }
    return 0;
}
```

Soluzione dell'Esercizio 4.1 – frazioni-somma

La soluzione applica la semplice formula indicata nel testo per calcolare numeratore e denominatore. Una funzione di supporto mcd() è utilizzata per calcolare il massimo comun divisore di numeratore e denominatore per ridurre la funzione ai minimi termini.

```
/* razionali.h */

#if !defined RAZIONALI_H
#define RAZIONALI_H

struct fraz {
    int num;
    unsigned int den;
};

extern void fr_somma(struct fraz *ris, const struct fraz *a, const struct fraz *b);

#endif /* RAZIONALI_H */

/* razionali.c */

#include "razionali.h"
#include "math.h"
```

```
// Calcolo del massimo comun divisore
static int mcd(int m, int n)
{
    while (m != 0 && n != 0) {
        if (m > n)
            m %= n;
        else
            n %= m;
    }
    return m == 0 ? n : m;
}

void fr_somma(struct fraz *ris, const struct fraz *a, const struct fraz *b) {
    int num = (int)a->num*b->den + (int)a->den*b->num;
    int den = (int)a->den*b->den;

    // Calcolo l'mcd tra numeratore e denominatore (occhio al segno!)
    int d = mcd(abs(num), den);
    ris->num = num / d;
    ris->den = den / d;
}
```

Main

Il `main()` chiama la funzione `fr_somma()` con diverse frazioni di prova.

```
/* main.c */

#include "razionali.h"

int main(void) {
    struct fraz ris;

    struct fraz a = { 1, 2 };
    struct fraz b = { 1, 2 };
    fr_somma(&ris, &a, &b);

    struct fraz c = { 1, 3 };
    struct fraz d = { 1, 2 };
    fr_somma(&ris, &c, &d);

    struct fraz e = { 4, 3 };
    struct fraz f = { -6, 9 };
    fr_somma(&ris, &e, &f);
    return 0;
}
```

Soluzione dell'Esercizio 4.2 – ricerca-binaria

L'esercizio richiede di implementare un algoritmo di ricerca binaria che cerca l'elemento x nel vettore v. Tale algoritmo si basa tutto su tre indici: p (primo), u (ultimo) e m (medio). Dopo l'inizializzazione, abbiamo tre possibili casi:

1. v[m]=x: la ricerca termina
2. x<v[m]: devo cercare "a sinistra" di m, lascio p immutato e aggiorno u al valore m-1
3. x>v[m]: devo cercare "a destra" di m, lascio u immutato e aggiorno p al valore m+1

```
/* ricerca.c */

#include <stdlib.h>

int ricerca_binaria(const int *v, size_t n, int x)
{
    // p: primo, u:ultimo
    int p = 0, u = n - 1; // Inizializzazione come da testo

    // Fermo la ricerca se primo>ultimo
    while (p <= u) {
        // Calcolo il punto medio
        // Nota: la divisione intera arrotonda sempre per difetto
        int m = (p + u) / 2;

        // L'elemento in posizione m è quello che sto cercando?
        if (x == v[m])
            return m;
        if (x < v[m])
            u = m - 1; // Se x è a "sinistra" aggiorno ultimo
        else
            p = m + 1; // Se x è a "destra" aggiorno primo
    }
    return -1;
}
```

Main

Il main() utilizza diversi vettori (ordinati in ordine crescente!), per testare sia il successo sia il fallimento della ricerca.

```
/* main.c */

#include <stdlib.h>

extern int ricerca_binaria(const int *v, size_t n, int x);
```

```
int main(void)
{
    int pos;
    int v1[] = { 1, 2, 3 };
    pos = ricerca_binaria(v1, sizeof(v1)/sizeof(int), 1);

    int v2[] = { 1, 2, 3, 4, 5, 6, 7, 8, 9, 10 };
    pos = ricerca_binaria(v2, sizeof(v2) / sizeof(int), 6);

    int v3[] = { 10, 20, 30, 100, 200, 300, 1000, 2000, 3000 };
    pos = ricerca_binaria(v3, sizeof(v2) / sizeof(int), 17);
    return 0;
}
```

Soluzione dell'Esercizio 4.3 – stringhe-sostituisci

Questo esercizio è molto complesso, pertanto l'utilizzo di funzioni della libreria string.h è consigliato per semplificare la ricerca e la copia di stringhe. Le funzioni che useremo sono strcpy(),strncpy(), strlen() e strstr(). La funzione strncpy() è una versione di strcpy() nella quale si possono specificare il numero di caratteri da copiare (anziché copiare tutto fino al terminatore).

La prima cosa da fare è effettuare tutti i controlli sulle stringhe passate come parametro, considerando i casi di puntatori NULL e stringhe vuote come specificato nel testo.

La soluzione è composta da un ciclo infinito che va avanti finché non si trovano più occorrenze di vecchia in str. Il puntatore alla nuova stringa (da ritornare) lo chiamiamo s. Per ogni occorrenza trovata dobbiamo allungare l'area di memoria puntata da s e copiarci tutti i caratteri prima dell'occorrenza trovata, la stringa nuova e il terminatore.

```
/* stringhe.c */

#include <stdlib.h>
#include <string.h>

char *sostituisci(const char *str, const char *vecchia, const char *nuova)
{
    // prev è inizializzato con str, ovvero il puntatore al primo carattere
    const char *cur, *prev = str;
    char *s = NULL; // La stringa da ritornare
    // ssize è la grandezza della stringa s da ritornare
    size_t ssize = 0, nsize, vsize;

    // Se anche solo una delle stringhe è NULL ritorno NULL
    if (str == NULL || vecchia == NULL || nuova == NULL)
        return NULL;

    // *vecchia==0 è uguale a vecchia[0]==0 ovvero la stringa è vuota
```

```
    if (*vecchia == 0) {
        // Creo spazio per una copia di str
        s = malloc(strlen(str) + 1);
        // strcpy ritorna il puntatore alla stringa risultante (è il puntatore s)
        return strcpy(s, str);
    }
    // Mi salvo la lunghezza delle 2 stringhe
    nsize = strlen(nuova);
    vsize = strlen(vecchia);

    while (1) {
        cur = strstr(prev, vecchia);
        // cur==NULL vuol dire che non ci sono più occorrenze di vecchia in prev
        if (cur == NULL)
            break;
        // Devo creare spazio per copiare tutto ciò che ho trovato dall'ultima occorrenza
        // di vecchia in str (prev) alla posizione attuale (cur) poi aggiungerci la
        // stringa nuova (lunga nsize) e il terminatore
        s = realloc(s, ssize + cur - prev + nsize + 1);

        // Copio tutti i caratteri da prev a cur
        strncpy(s + ssize, prev, cur - prev);
        // Incremento il valore ssize (numero di caratteri in s)
        ssize += cur - prev;
        // Copio nuova a partire da s+ssize
        strcpy(s + ssize, nuova);
        ssize += nsize;
        // Mando avanti prev, che ora punta al primo carattere dopo l'occorrenza di vecchia
        // appena trovata
        prev = cur + vsize;
    }
    // Quando arrivo qui ho finito di trovare tutte le occorrenze
    // prev punta ancora al primo carattere dopo l'ultima occorrenza
    s = realloc(s, ssize + strlen(prev) + 1);
    strcpy(s + ssize, prev);
    return s;
}
```

Main

In questo esercizio è fondamentale testare tutti i casi descritti dal testo, per scovare eventuali problemi nella soluzione. Per questo motivo creiamo una funzione main_test() che chiama la funzione sostituisci() con i tre parametri passati.

```
/* main.c */

#include <stdio.h>
#include <stdlib.h>
```

```
extern char *sostituisci(const char *str, const char *vecchia, const char *nuova);

// Funzione di appoggio per testare la funzione su stringhe passate per parametro
void main_test(const char *str, const char *vecchia, const char *nuova)
{
    char *s;
    s = sostituisci(str, vecchia, nuova);
    if (s != NULL)
        printf("\"%s\"", s);
    else
        printf("NULL");
    printf("\n");
    free(s);
}

int main(void)
{
    main_test("qui cambia la parola cambia", "cambia", "sostituisci");
    main_test("qui cambia la parola cambia e basta", "cambia", "sostituisci");
    main_test("qui cambia la parola cambia e basta", "x", "sostituisci");

    main_test("qui cambia la parola cambia e basta", NULL, "sostituisci");
    main_test("qui cambia la parola cambia e basta", "cambia", NULL);
    main_test(NULL, "cambia", "sostituisci");

    main_test("", "cambia", "sostituisci");
    main_test("qui cambia la parola cambia e basta", "", "sostituisci");
    main_test("qui cambia la parola cambia e basta", "cambia", "");

    main_test("gli studenti sono felici di studiare", "felici", "poco contenti");
    main_test("ho trovato difficile l'esercizio sulle stringhe",
        "difficile", "facile");
    return 0;
}
```

Soluzione dell'Esercizio 4.4 – parola-piu-lunga

Per risolvere questo esercizio dobbiamo prima di tutto aver chiaro come riconoscere inizio e fine di una parola. L'esercizio 3.8 è consigliato prima di affrontare questa soluzione.

Se siamo in grado di riconoscere le singole parole, possiamo quindi salvarci l'inizio e la fine della parola più lunga trovata. Una volta finita la stringa in input, ci basterà allocare sufficiente spazio per contenere la parola più lunga (e il terminatore) ed effettuare la copia.

/* stringhe.c */

```c
#include <stdlib.h>
#include <string.h>

char *parola_piu_lunga(const char *s)
{
    // pos è l'indice del primo carattere della parola più lunga
    // lung è la lunghezzza della parola più lunga
    int i, j, pos, lung;
    char *p;

    j = -1; // Indica l'inizio di una parola
    pos = lung = 0;
    for (i = 0; s[i] != 0; i++) { // Scorro tutta la stringa s
        // Se j<0 vuol dire che non sono in un parola
        if (j<0) {
            if (s[i] != ' ')
                j = i; // Metto in j l'indice del primo carattere diverso da ' '
        }
        else {
            // Sono all'interno di una parola
            if (s[i] == ' ') {
                // La parola è finita, perché sono arrivato allo spazio
                if (i - j>lung) { // i-j è la lunghezza della parola corrente
                    pos = j;
                    lung = i - j;
                }
                j = -1; // Mi segno che sono uscito dalla parola
            }
        }
    }

    // Se sono ancora in una parola alla fine della stringa
    if (j >= 0) {
        if (i - j>lung) {
            pos = j;
            lung = i - j;
        }
    }

    // Alloco lung + 1 (per il terminatore) caratteri
    p = malloc(lung + 1);
    strncpy(p, s + pos, lung);
    p[lung] = 0;

    return p;
}
```

Main

Testiamo la funzione con stringhe diverse, inserendo spazi prima e dopo la stringa per assicurarci del corretto funzionamento. Ricordiamoci infine di liberare la memoria della stringa ritornata.

```
/* main.c */

#include <stdlib.h>
#include <stdio.h>
#include <string.h>

extern char *parola_piu_lunga(const char *s);

int main(void)
{
    char *tmp;
    tmp = parola_piu_lunga("Ciao questa e' una prova.");
    free(tmp);
    tmp = parola_piu_lunga("  Ciao  questa  e'  una  prova.  ");
    free(tmp);
    tmp = parola_piu_lunga("corta corta lungaaaa");
    free(tmp);
    tmp = parola_piu_lunga("      corta corta lungaaaa");
    free(tmp);
    tmp = parola_piu_lunga(" lungaaaa corta corta          ");
    free(tmp);
    return 0;
}
```

Soluzione dell'Esercizio 4.5 – accoda-cifra

Una soluzione elegante potrebbe essere la seguente:

```
/* stringhe.c */

#include "stringhe.h"


#include "string.h"

void accodaCifra(char** vs, unsigned char n) {
    char *numeri[] = {
        "  _     _  _     _  _  _  _  _ ",
        "| |  |  _| _||_||_ |_   ||_||_|",
        "|_|  ||_  _|  | _||_|  ||_| _|"
    };
```

```
for (int i = 0; i < 3; ++i)
    strncat(vs[i], numeri[i] + n * 3, 3);
}
```

I numeri sono in pratica una tabella di caratteri dove ogni 3 caratteri inizia una nuova cifra. Per calcolare il punto di inizio della cifra n in ogni riga di numeri basta fare n*3. Il tipo di numeri è un array di 3 puntatori a char, quindi in ogni riga per sapere da dove iniziare a copiare caratteri mi basta sommare a numeri[i] il valore n*3. Da quell'indirizzo dovrò copiare esattamente 3 caratteri e aggiungere un carattere 0 in fondo. Per fortuna abbiamo la funzione strncat() che fa esattamente questo.

Una variante sul tema, leggermente più semplice, poteva essere invece quella di dichiarare un array di 10 array di 3 puntatori a char: per ogni cifra abbiamo le tre stringhe separate che devono essere accodate. In questo caso possiamo utilizzare la più semplice strcat() per accodare le tre stringhe.

/ stringhe.c */*

```
#include "stringhe.h"


#include "string.h"

void accodaCifra(char** vs, unsigned char n) {
    char *numeri[10][3] = {
        { " _ "
        , "| |"
        , "|_|" },
        { "   "
        , "  |"
        , "  |" },
        { " _ "
        , " _|"
        , "|_ " },
        { " _ "
        , " _|"
        , " _|" },
        { "   "
        , "|_|"
        , "  |" },
        { " _ "
        , "|_ "
        , " _|" },
        { " _ "
        , "|_ "
        , "|_|" },
        { " _ "
        , "  |"
        , "  |" },
        { " _ "
```

```
          , "|_|"
          , "|_|" },
          { "  _  "
          , "|_|"
          , "  _|" }
    };

    for (int i = 0; i < 3; ++i)
        strcat(vs[i], numeri[n][i]);
}
```

Volendo farsi del male, è anche possibile scrivere una versione illeggibile come la seguente:

```
/* stringhe.c */

#include "stringhe.h"


#include "string.h"

void accodaCifra(char** vs, unsigned char n) {
    char numeri[] = { 0xf5, 0x90, 0x79, 0xd9, 0x9c, 0xcd, 0xed, 0x91, 0xfd, 0xdd };
    char *sym = "_ |_||_|";

    strcat(vs[0], " ");
    for (int i = 0; i < 8; ++i)
        strncat(vs[(i + 1) / 3], (numeri[n] >> i) & 1 ? sym + i : " ", 1);
}
```

Questo codice, oltre ad essere inutilmente complesso, è probabilmente anche più lento delle altre versioni proposte, sia da scrivere, sia da capire. L'unico motivo per la sua esistenza è per poter dire: "Ah! finalmente ho capito che cosa fa..."

Nessuno vieta comunque di risolvere il problema in modo semplice e diretto replicando il codice con un caso diverso per ogni possibile valore di n. Per fare i vari casi si può ricorrere all'if oppure allo switch. Anche qui utilizziamo la strcat().

```
/* stringhe.h */

#if !defined STRINGHE_H
#define STRINGHE_H

extern void accodaCifra(char** vs, unsigned char n);

#endif /* STRINGHE_H */

/* stringhe.c */

#include "stringhe.h"
#include <string.h>
```

```c
void accodaCifra(char** vs, unsigned char n) {
    switch (n) {
    case 0:
        strcat(vs[0], " _ ");
        strcat(vs[1], "| |");
        strcat(vs[2], "|_|");
        break;
    case 1:
        strcat(vs[0], "   ");
        strcat(vs[1], "  |");
        strcat(vs[2], "  |");
        break;
    case 2:
        strcat(vs[0], " _ ");
        strcat(vs[1], " _|");
        strcat(vs[2], "|_ ");
        break;
    case 3:
        strcat(vs[0], " _ ");
        strcat(vs[1], " _|");
        strcat(vs[2], " _|");
        break;
    case 4:
        strcat(vs[0], "   ");
        strcat(vs[1], "|_|");
        strcat(vs[2], "  |");
        break;
    case 5:
        strcat(vs[0], " _ ");
        strcat(vs[1], "|_ ");
        strcat(vs[2], " _|");
        break;
    case 6:
        strcat(vs[0], " _ ");
        strcat(vs[1], "|_ ");
        strcat(vs[2], "|_|");
        break;
    case 7:
        strcat(vs[0], " _ ");
        strcat(vs[1], "  |");
        strcat(vs[2], "  |");
        break;
    case 8:
        strcat(vs[0], " _ ");
        strcat(vs[1], "|_|");
        strcat(vs[2], "|_|");
        break;
```

```
    case 9:
        strcat(vs[0], "  _  ");
        strcat(vs[1], "|_|");
        strcat(vs[2], "  _|");
        break;
    }
}
```

Main

Il `main()` in questo caso ha una complessità in più rispetto al solito: la funzione vuole un puntatore che punti a 3 puntatori a char. La prima idea potrebbe essere quella di usare un array di 3 array di char. Notare l'inizializzazione di tutti i char a 0, sfruttando il fatto che se la lista degli inizializzatori è più corta del numero di elementi, i restanti vengono comunque messi a zero.

Purtroppo non è possibile passare il vettore righe direttamente ad `accodaCifra()` perché quando usato in una espressione, `righe` è di tipo `char *[200]`, ovvero puntatore ad array di 200 elementi. Se lo passassimo alla funzione (e non possiamo, perché, giustamente, il compilatore ci segnala errore) l'espressione `vs[0]` non conterrebbe un puntatore, ma i primi 4 caratteri (compilando a 32 bit) di righe. Insomma, un pasticcio.

> È importante ricordare sempre che **un array non è un puntatore**, e che soprattutto, **un array di array non può in nessun modo essere convertito in un puntatore a puntatore**.

Come fare allora? La soluzione è semplice: dichiariamo un array di puntatori e lo inizializziamo con gli indirizzi dei 3 array riga dichiarati prima.

Il resto del `main()` accoda le cifre da 9 a 0 e infine le mostra su `stdout` con la funzione `puts()` che include automaticamente il ritorno a capo. Questo è un caso in cui il debugger difficilmente riesce a darci una visione chiara del contenuto delle tre stringhe e quindi diventa importante avere un output comodo.

```
/* main.c */

#include "stringhe.h"
#include <stdio.h>

int main(void)
{
    char righe[3][200] = { 0 };
    char *vs[3] = { righe[0], righe[1], righe[2] };

    accodaCifra(vs, 9);
    accodaCifra(vs, 8);
    accodaCifra(vs, 7);
    accodaCifra(vs, 6);
    accodaCifra(vs, 5);
```

```
    accodaCifra(vs, 4);
    accodaCifra(vs, 3);
    accodaCifra(vs, 2);
    accodaCifra(vs, 1);
    accodaCifra(vs, 0);

    for (size_t i = 0; i < 3; ++i)
        puts(vs[i]);
    return 0;
}
```

Soluzione dell'Esercizio 4.6 – trova-piu-lontani

La funzione deve calcolare la distanza tra struct punto3d e siccome dovremo effettuare questo calcolo molte volte è conveniente definire una funzione di supporto che svolga tale operazione. Il calcolo della distanza tra punti richiederebbe il calcolo della radice quadrata, ma siccome dobbiamo trovare i punti più distanti, possiamo evitare il calcolo della radice siccome due punti che hanno massima distanza hanno anche massima distanza al quadrato.

La distanza tra due punti è simmetrica, quindi la distanza tra p1 e p2 è uguale alla distanza tra p2 e p1; per questo motivo possiamo limitare il calcolo della distanza tra ogni punto e tutti i successivi, senza effettuare due volte il calcolo per ogni coppia di punti.

```
/* punti.h */

#if !defined PUNTI_H
#define PUNTI_H

#include <stdio.h>

struct punto3d {
    double coord[3];
};

extern int trova_piu_lontani(const struct punto3d *punti, size_t n, size_t *p1,
    size_t *p2);

#endif /* PUNTI_H */

/* punti.c */

#include <stdlib.h>
#include "punti.h"

// Funzione di supporto che calcola la distanza (al quadrato) tra due struct punto3d
double distanza(const struct punto3d *p1, const struct punto3d *p2)
{
```

```c
        size_t i;
        double d = 0;

        for (i = 0; i < 3; ++i) {
            double diff = p1->coord[i] - p2->coord[i];
            d += diff*diff;
        }
        return d;
    }

    int trova_piu_lontani(const struct punto3d *punti, size_t n, size_t *p1, size_t *p2)
    {
        double max_dist = 0; // Conterrà la distanza massima trovata
        if (n < 2)
            return 0;

        // Per ogni punto, calcolo la distanza con ogni altro punto successivo
        for (size_t i = 0; i < n; ++i) {
            for (size_t j = i + 1; j < n; ++j) {
                double d = distanza(punti + i, punti + j);
                // Se la distanza attuale è >max_dist aggiorno i punti p1 e p2
                if (max_dist < d) {
                    max_dist = d;
                    *p1 = i;
                    *p2 = j;
                }
            }
        }
        return 1;
    }
```

Main

Il `main()` deve creare un vettore di `struct punto3d` per poi passarne l'indirizzo a `trova_piu_lontani()`. Un modo molto semplice per creare tale vettore è utilizzare l'inizializzazione statica di vettori e struct, in modo da creare l'array e inizializzarlo su una riga sola.

```c
/* main.c */

#include <stdlib.h>

#include "punti.h"

int main(void)
{
    int ret;
    size_t p1, p2;
```

```
    // Creo ed inizializzo l'array di struct punto3d
    struct punto3d punti1[] = {
        { { 0.0, 0.0, 0.0 } },
        { { 1.0, 1.0, 1.0 } },
        { { 2.0, 2.0, 2.0 } },
    };
    // sizeof punti1 / sizeof punti1[0] è il numero di elementi del vettore
    ret = trova_piu_lontani(punti1, sizeof punti1 / sizeof punti1[0], &p1, &p2);

    struct punto3d punti2[] = {
        { { 0.281, 0.530, 0.633 } },
        { { 0.284, 0.827, 0.352 } },
        { { 0.050, 0.659, 0.096 } },
        { { 0.689, 0.740, 0.693 } },
        { { 0.342, 0.806, 0.416 } },
        { { 0.874, 0.091, 0.791 } },
        { { 0.093, 0.247, 0.501 } },
        { { 0.730, 0.582, 0.342 } },
        { { 0.031, 0.184, 0.179 } }
    };
    ret = trova_piu_lontani(punti2, sizeof punti2 / sizeof punti2[0], &p1, &p2);
    return 0;
}
```

Soluzione dell'Esercizio 4.7 – disegni-istogramma

Dato che il numero di righe di output dipende dal valore massimo contenuto nel vettore h, la prima cosa da fare è calcolare il massimo con un semplice ciclo.

Dato il massimo `max`, scorriamo le righe da `max` a `0` e per ogni elemento del vettore `h[i]` stampiamo `'|'` se `h[i]` è maggiore dell'indice di riga, altrimenti stampiamo `' '`. Alla fine di ogni riga stampiamo il carattere a capo `'\n'`.

```
/* istogramma.c */

#include <stdio.h>
#include <stdint.h>

void disegna(uint8_t *h, size_t n, FILE* fout)
{
    int max = 0;
    // Calcolo il valore massimo presente nel vettore h
    for (size_t i = 0; i < n; ++i) {
        if (max < h[i])
            max = h[i];
    }
```

```
    for (size_t j = max; j > 0; --j) { // Per ogni valore (da max a 0)
        for (size_t i = 0; i < n; ++i) { // Scorro l'intero vettore
            // Se l'elemento i-esimo è >=j aggiungo scrivo | altrimenti <spazio>
            if (h[i] >= j)
                fputc('|', fout);
            else
                fputc(' ', fout);
        }
        fputc('\n', fout); // Alla fine di ogni riga aggiungo un acapo
    }
}
```

Main

Chiamiamo la funzione con vettori diversi, stampando su stdout.

```
/* main.c */

#include <stdlib.h>
#include <stdio.h>
#include <stdint.h>

extern void disegna(uint8_t* h, size_t n, FILE* fout);

int main(void) {
    uint8_t h[] = { 1, 2, 3, 4, 5 };
    disegna(h, sizeof(h), stdout);
    putc('\n',stdout);

    uint8_t h1[] = { 5, 0, 5, 0, 1, 10 };
    disegna(h1, sizeof(h1), stdout);
    putc('\n', stdout);

    uint8_t h2[] = { 1, 2, 3, 1, 2, 3 };
    disegna(h2, sizeof(h2), stdout);
    putc('\n', stdout);
    return 0;
}
```

Soluzione dell'Esercizio 4.8 – stringhe-scrivi

Nella soluzione il primo passo è aprire il file specificato dalla stringa C filename in modalità scrittura binaria. Dopo occorre capire il significato di char **vs: vs è un puntatore, che punta ad uno o più puntatori. Ognuno di questi puntatori punta al primo carattere di una stringa C. Quindi vs[0] che cos'è? È un puntatore ad un char (il primo char della prima stringa).

Per conoscere la lunghezza della i-esima stringa possiamo invocare la funzione `strlen()` sul puntatore corrispondente contenuto in `vs` (ad esempio possiamo chiamare `strlen(vs[i])`). Al valore ritornato da `strlen()` dovremo però aggiungere 1 per includere il terminatore.

```
/* stringhe.h */

#if !defined STRINGHE_H
#define STRINGHE_H

#include <stdio.h>

extern void stringhe_scrivi(const char *filename, const char **vs, size_t n);

#endif /* STRINGHE_H */


/* stringhe.c */

#include "stringhe.h"

#include <string.h>

void stringhe_scrivi(const char *filename, const char **vs, size_t n)
{
    FILE *f;
    size_t i;

    // Apro il file in modalità lettura binaria e ne controllo il valore
    f = fopen(filename, "wb");
    if (f == NULL)
        return;

    for (i = 0; i < n; ++i) {
        // vs[i] è il puntatore della i-esima stringa
        // Il + 1 è aggiunto per scrivere anche il terminatore
        fwrite(vs[i], 1, strlen(vs[i]) + 1, f);
    }
    fclose(f);
}
```

Main

Il `main()` deve passare alla funzione `stringhe_scrivi()` un `char**` che punta a diversi puntatori a carattere. Per inizializzarlo il modo migliore è definire una variabile nel seguente modo:

```
char *vs[] = { "prima stringa","seconda stringa"};
```

vs è quindi un array di puntatori a char, inizializzato staticamente. Quando vs viene passato ad una funzione decade a puntatore a puntatore a char.

Per testare che la soluzione sia corretta si consiglia di utilizzare un programma come HxD per ispezionare i valori binari del file salvato.

```c
/* main.c */

#include "stringhe.h"

int main(void)
{
    // vs è un array di puntatori a char
    char *vs[] = { "prima", "seconda", "terza" };
    // sizeof vs / sizeof vs[0] è il numero di puntatori puntati da vs
    stringhe_scrivi("stringhe1.bin", vs, sizeof vs / sizeof vs[0]);
    return 0;
}
```

Soluzione dell'Esercizio 4.9 – matrix-matreplica

La prima cosa da fare è allocare lo spazio sufficiente per memorizzare la struct matrix di ritorno e per i suoi dati. Indipendentemente dalla direzione della replica (orizzontale o verticale) i dati saranno sempre il doppio rispetto a quelli di a, visto che a verrà sempre replicata due volte.

Segue la distinzione tra i due casi in cui occorre fare un ragionamento sugli indici della matrice b da ritornare. Ogni elemento con riga r e colonna c di a (definito come double arc = a->data[r*a->cols + c]) andrà copiato due volte in b. La prima posizione però è la stessa per i due casi (la prima replica è sempre nella stessa posizione), ovvero:

b->data[r*b->cols + c] = arc

La seconda copia invece dipende dalla direzione della replica:

- Caso orizzontale (b->rows=a->rows e b->cols=2*a->cols) La seconda replica è "a destra" della prima, dovrò quindi spostarmi avanti di a->cols posizioni:

b->data[r*b->cols + c + a->cols] = arc

- Caso verticale (b.rows=2*a->rows e b->cols=a->cols) La seconda replica è "sotto" la prima, dovrò quindi spostarmi avanti di a->rows*b->cols posizioni:

b->data[(r+a->rows)*b->cols + c] = arc

```c
/* matrix.h */

#if !defined MATRIX_H
#define MATRIX_H

#include <stdlib.h>
```

```c
struct matrix {
    size_t rows, cols;
    double *data;
};

extern struct matrix *mat_replica(const struct matrix *a, int dir);

#endif /* MATRIX_H */


/* matrix.c */

#include "matrix.h"

struct matrix *mat_replica(const struct matrix *a, int dir) {
    size_t rows = a->rows;
    size_t cols = a->cols;

    // Alloco lo spazio per la struct matrix
    struct matrix *b = malloc(sizeof(struct matrix));
    // So già che la matrice b avrà il doppio degli elementi di a
    b->data = malloc(2 * rows * cols * sizeof(double));

    if (dir == 0) { // Replica orizzontale
        b->rows = rows; // Stesso numero di righe
        b->cols = 2 * cols; // Numero di colonne doppio

        for (size_t r = 0; r < rows; ++r) {
            size_t ira = r * a->cols; // Indice del primo elemento della riga r in a
            size_t irb = r * b->cols; // Indice del primo elemento della riga r in b
            for (size_t c = 0; c < cols; ++c) {
                b->data[irb + c] = a->data[ira + c]; // Parte sinistra
                b->data[irb + c + cols] = a->data[ira + c]; // Parte destra
            }
        }
    }
    else { // Replica verticale
        b->rows = 2 * rows; // Numero di righe doppio
        b->cols = cols; // Stesso numero di colonne

        for (size_t r = 0; r < rows; ++r) {
            size_t ira = r * a->cols;
            size_t irb = r * b->cols;

            // Indice del primo elemento della riga r + rows in b
            size_t irb2 = (r + rows) * b->cols;
            for (size_t c = 0; c < cols; ++c) {
                b->data[irb + c] = a->data[ira + c];
                b->data[irb2 + c] = a->data[ira + c];
```

```
            }
        }
    }
    return b;
}
```

Main

Il `main()` dovrà creare una matrice e passarla per indirizzo alla funzione `mat_replica()` e testarne la replica orizzontale e verticale.

Quando si utilizzano le `struct matrix`, è utile la funzione `mat_print()`, definita nell'Esercizio 3.32, la cui chiamata è commentata nel seguente main.

```c
/* main.c */

#include <stdlib.h>
#include "matrix.h"

int main(void) {
    struct matrix *ret;
    double ad[] = {
        1, 3, 2,
        2, 3, 1
    };
    struct matrix a = { 2, 3, ad };

    ret = mat_replica(&a, 0); // Replico a orizzontalmente
    //mat_print(ret);

    ret = mat_replica(&a, 1); // Replico a verticalmente
    //mat_print(ret);

    // Libero la memoria
    free(ret->data);
    free(ret);
    return 0;
}
```

Soluzione dell'Esercizio 4.10 – matrix-sommadiretta

Date le matrici passate come parametro `a` e `b`, possiamo calcolare il numero di righe e colonne della matrice `ret` risultante dalla somma diretta delle due. La prima cosa da fare è allocare dinamicamente lo spazio per contenere la `struct matrix ret`, poi allocare lo spazio per i suoi dati. La funzione `malloc()` non inizializza la memoria a 0, quindi dobbiamo farlo noi con la chiamata a `memset()` (per le parti di `ret` che resteranno a 0). Infine copiamo la matrice `a` nella parte superiore sinistra di `ret` e `b` nella parte inferiore destra.

```c
/* matrix.h */

#if !defined MATRIX_H
#define MATRIX_H

#include <stdlib.h>

struct matrix {
    size_t rows, cols;
    double *data;
};

extern struct matrix *mat_sommadiretta(const struct matrix *a,
    const struct matrix *b);

#endif /* MATRIX_H */


/* matrix.c */

#include "matrix.h"
#include <memory.h>

struct matrix *mat_sommadiretta(const struct matrix *a, const struct matrix *b) {
    size_t ra, ca, rb, cb, rows, cols, r, c;
    double *ad, *bd;
    struct matrix *ret;

    // Mi salvo i campi di a e b in variabili dal nome più breve, per comodità
    ra = a->rows;
    ca = a->cols;
    ad = a->data;

    rb = b->rows;
    cb = b->cols;
    bd = b->data;

    // Alloco lo spazio per contenere la struct matrix di ritorno
    ret = malloc(sizeof(struct matrix));
    // Calcolo la grandezza della matrice ret e alloco lo spazio necessario
    ret->rows = rows = ra + rb;
    ret->cols = cols = ca + cb;
    ret->data = malloc(rows * cols * sizeof(double));

    // Metto a 0 tutta la memoria dei dati di ret
    memset(ret->data, 0, rows * cols * sizeof(double));

    // Copio a in alto a sinistra
```

```
        for (r = 0; r < ra; ++r) {
            for (c = 0; c < ca; ++c) {
                ret->data[r*cols + c] = ad[r*ca + c];
            }
        }

        // Copio b in basso a destra
        for (r = 0; r < rb; ++r) {
            for (c = 0; c < cb; ++c) {
                ret->data[(ra + r)*cols + (c + ca)] = bd[r*cb + c];
            }
        }
        return ret;
}
```

Main

Il `main()` inizializza i dati delle `struct matrix` con array statici, come al solito, chiama la funzione e infine si occupa di liberare la memoria. Quando si utilizzano le `struct matrix`, è utile la funzione `mat_print()`, definita nell'Esercizio 3.32, la cui chiamata è commentata nel seguente `main()`.

```
/* main.c */

#include <stdlib.h>
#include <stdio.h>
#include "matrix.h"

int main(void)
{
    // Inizializzo le matrici con array statici
    double ad[] = {
        1, 3, 2,
        2, 3, 1
    };
    struct matrix a = { 2, 3, ad };

    double bd[] = {
        1, 6,
        0, 1
    };
    struct matrix b = { 2, 2, bd };

    // printf("Matrice A:\n");
    // mat_print(&a);
    // printf("Matrice B:\n");
    // mat_print(&b);
    struct matrix* c = mat_sommadiretta(&a, &b);
```

```
// printf("Matrice ottenuta dalla somma diretta di A e B:\n");
// mat_print(c);

// Libero la memoria allocata dinamicamente da mat_sommadiretta()
free(c->data);
free(c);
return 0;
}
```

Soluzione dell'Esercizio 4.11 – matrix-transpose

Il testo richiede di ritornare una nuova `struct matrix` allocata dinamicamente. Si parta dall'Esercizio 3.32 per una descrizione dettagliata delle allocazioni necessarie.

La matrice trasposta ha lo stesso numero di elementi della matrice originale, l'unica differenza sta nel numero di righe e di colonne, che va invertito. Per svolgere questo esercizio occorre capire bene il sistema di indici riga/colonna delle matrici:

> In una matrice con `rows` righe e `cols` colonne, qual è l'indice dell'elemento alla riga r e colonna c?
>
> L'indice vale `i=r*cols+c` , quindi:
>
> `<indice di riga>*<numero di colonne> + <indice di colonna>`

```
/* matrix.h */

#if !defined MATRIX_H
#define MATRIX_H

#include <stdlib.h>

struct matrix {
    size_t rows, cols;
    double *data;
};

extern struct matrix *mat_transpose(const struct matrix *mat);

#endif /* MATRIX_H */

/* matrix.c */

#include "matrix.h"

struct matrix *mat_transpose(const struct matrix *mat) {
    size_t rows, cols, r, c;
```

```
        double *data;
        struct matrix *ret;
        // Alloco lo spazio per la struct matrix
        ret = malloc(sizeof(struct matrix));
        // Inverto il numero di righe e il numero di colonne
        rows = ret->rows = mat->cols;
        cols = ret->cols = mat->rows;
        data = mat->data;
        // Alloco lo spazio per i dati
        ret->data = malloc(rows*cols*sizeof(double));

        for (r = 0; r < rows; ++r) {
            for (c = 0; c < cols; ++c) {
                // All'elemento di ret con riga r e colonna c
                // viene assegnato l'elemento di data con riga c e colonna r
                ret->data[r*cols + c] = data[c*rows + r];
            }
        }
        return ret;
}
```

Main

Il `main()` crea una variabile di tipo `struct matrix` statica, inizializzata con un vettore statico di double. Siccome la funzione `mat_transpose()` ritorna un puntatore ad un'area di memoria allocata dinamicamente dovremo utilizzare la funzione `free()` per liberare tale memoria.

Quando si utilizzano le `struct matrix`, è utile la funzione `mat_print()`, definita nell'Esercizio 3.32, la cui chiamata è commentata nel seguente main.

```
/* main.c */

#include "matrix.h"

int main(void) {
    double data[] = {
        5, 5, 3, 3,
        9, 8, 2, 5,
        8, 5, 9, 8,
        7, 9, 3, 4,
        2, 4, 2, 5,
        2, 7, 3, 4,
        3, 3, 5, 7,
        8, 9, 9, 6,
        4, 6, 5, 9,
        4, 8, 3, 4
    };
    struct matrix *ret;
    struct matrix mat = { 10, 4, data };
```

```
    // mat_print(&mat);
    ret = mat_transpose(&mat);
    // mat_print(ret);

    // Libero la memoria della struct matrix allocata
    // dinamicamente in mat_transpose()
    free(ret->data);
    free(ret);
    return 0;
}
```

Soluzione dell'Esercizio 4.12 – audio-read

La soluzione di questo esercizio richiede la lettura da un file aperto in lettura in modalità non tradotta (binaria). La lettura da tale file si effettua con la funzione fread(). I campioni letti da file vanno aggiunti in coda a due aree di memoria allocate dinamicamente, ma siccome il numero di campioni non è noto a priori, occorrerà usare la funzione realloc() per ridimensionare via via l'area di memoria dinamica.

Dopo aver aperto il file, con relativo controllo di avvenuta apertura (controllo del FILE* ritornato da fopen()), utilizziamo un ciclo while(1), che continua "all'infinito", e terminerà solamente al comando break.

Ogni volta che riusciamo a leggere un campione (ovvero 2 interi a 16 bit) dobbiamo accodare i valori letti alle aree di memoria puntate dai puntatori left e right.

Siccome abbiamo aperto il file all'interno della funzione, lo chiuderemo prima della fine.

```
/* audio.h */

#if !defined AUDIO_H
#define AUDIO_H

#include <stdio.h>

struct audio {
    size_t samples;
    short *left, *right;
};

extern int audio_read(const char *filename, struct audio *a);

#endif /* AUDIO_H */

/* audio.c */

#include <stdlib.h>
```

```
#include "audio.h"

int audio_read(const char *filename, struct audio *a)
{
    FILE *f;
    size_t size = 0;

    f = fopen(filename, "rb");
    if (f == NULL)
        return 0;

    // Questi puntatori verranno allocati con realloc, quindi è importante
    // inizializzarli a NULL, in modo che la prima volta la realloc si comporti
    // come una malloc
    a->left = NULL;
    a->right = NULL;

    while (1) {
        short left, right;
        if (fread(&left, sizeof(short), 1, f) != 1)
            break;
        if (fread(&right, sizeof(short), 1, f) != 1)
            break;
        // Se entrambe le letture sono andate a buon fine
        // alloco memoria aggiuntiva e accodo i nuovi valori
        a->left = realloc(a->left, (size+1)*sizeof(short));
        a->right = realloc(a->right, (size + 1)*sizeof(short));

        a->left[size] = left;
        a->right[size] = right;
        size++;
    }
    a->samples = size;
    fclose(f);
    // Se size==0 ritorno 0
    // vuol dire che non sono riuscito a leggere nulla
    return size>0;
}
```

Main

Il main() utilizza uno dei file a disposizione dell'esercizio per testare la funzione audio_read().
La deallocazione della memoria prima della fine del programma è necessaria.

```
/* main.c */

#include <stdio.h>
#include <stdlib.h>
```

```c
#include "audio.h"

int main(void)
{
    struct audio a;
    if (!audio_read("test.raw", &a)) {
        printf("Errore durante la lettura.\n");
        return;
    }
    // Dealloco la memoria dinamica allocata da audio_read()
    free(a.left);
    free(a.right);
    a.samples = 0;
    return 0;
}
```

Soluzione dell'Esercizio 4.13 – dati-read

Per risolvere l'esercizio occorre avere ben chiara la struttura del file. Il formato è strutturato a coppie di valori, in cui il primo è sempre grande un byte e indica la grandezza del secondo. Quindi dovremo leggere per prima cosa un byte e poi verificarne il valore per sapere quale tipo di dato leggere successivamente. Tutte queste letture verranno fatte con la `fread()`, che permette di specificare il numero di byte da leggere.

Siccome non sappiamo la quantità di dati da leggere a priori, dovremo utilizzare la `realloc()` per adattare la dimensione della memoria allocata dinamicamente (vedi Nota 6.4).

```c
/* compress.h */

#if !defined COMPRESS_H
#define COMPRESS_H

#include <stdio.h>

struct dati {
    size_t len;
    int *vals;
};

extern int dati_read(const char *filename, struct dati *d);

#endif /* COMPRESS_H */

/* compress.c */

#include "compress.h"
```

```c
#include <stdlib.h>
#include <stdint.h>

int dati_read(const char *filename, struct dati *d)
{
    FILE *f;
    size_t size = 0;

    f = fopen(filename, "rb");
    if (f == NULL)
        return 0;
    d->vals = NULL;

    while (1) {
        char type; // Conterrà la grandezza del dato da leggere
        int8_t val8;
        int16_t val16;
        int32_t val32;
        int val = 0, ret;

        // Leggo la grandezza del prossimo dato (valori possibili 1,2 e 4)
        if (fread(&type, 1, 1, f) != 1)
            break;

        switch (type)
        {
        case 1:
            // Il prossimo dato occupa 1 byte
            ret = fread(&val8, 1, 1, f) == 1;
            val = val8;
            break;
        case 2:
            // Il prossimo dato occupa 2 byte
            ret = fread(&val16, 2, 1, f) == 1;
            val = val16;
            break;
        case 4:
            // Il prossimo dato occupa 4 byte
            ret = fread(&val32, 4, 1, f) == 1;
            val = val32;
            break;
        default:
            // Se type è diverso da 1,2 o 4 c'è un problema
            ret = 0;
            break;
        }
        if (!ret)
            break; // Se ret==0 termino la lettura
```

```
    // Alloco lo spazio per un altro valore
    d->vals = realloc(d->vals, (size+1)*sizeof(int));
    d->vals[size] = val;
    size++;
    }
    d->len = size;
    fclose(f);
    return size>0;
}
```

Main

Il `main()` non deve far altro che chiamare la funzione `dati_read()` su uno dei file a disposizione dell'esercizio, passando l'indirizzo di una `struct dati`. Per verificare che la soluzione sia corretta occorre debuggare il programma andando a verificare il valore dei campi della `struct dati d`.

/ main.c */*

```
#include "compress.h"

int main(void)
{
    struct dati d;
    dati_read("dati1.bin", &d);
    return 0;
}
```

Soluzione dell'Esercizio 4.14 – complessi

L'esercizio richiede di realizzare tre diverse funzioni: iniziamo con la lettura.

I dati da leggere sono formattati per la lettura da parte di un essere umano, cioè due numeri in base 10 rappresentati con un carattere per ogni cifra decimale. Detta in breve, in formato testo. La funzione per convertire questa rappresentazione in binario è `fscanf()`.

Dovendo leggere due variabili di tipo `double` saltando i whitespace, la stringa di formato dovrà essere `%lf` due volte. Passiamo poi alla funzione l'indirizzo dei due campi puntati da `comp`, quindi utilizziamo l'operatore `->` per accedere ai campi e `&` per ottenerne l'indirizzo.

La funzione `fscanf()` ritorna il numero di campi letti correttamente, quindi, in caso di successo, dovrà ritornare 2. Ritorniamo quindi il risultato del confronto tra il risultato della funzione e 2 che varrà 1 in caso affermativo, 0 altrimenti, come richiesto.

Per la `write_complesso()` il discorso è analogo, utilizzando però `fprintf()`. L'unica differenza è che per scrivere un double si utilizza ad esempio `%f` e nella stringa di formato separiamo con spazio i due valori e inseriamo dopo il secondo un `'\n'`.

Il prodotto non è altro che la traduzione della formula in linguaggio C. L'unica accortezza è che sia per calcolare la parte reale, sia per calcolare la parte immaginaria è necessario utilizzare i valori originali. Pertanto appoggiamo i nuovi valori in variabili temporanee che poi utilizziamo per aggiornare comp1.

```c
/* complessi.h */

#if !defined COMPLESSI_H
#define COMPLESSI_H

#include <stdio.h>

struct complesso {
    double re, im;
};

extern int read_complesso(struct complesso *comp, FILE *f);
extern void write_complesso(const struct complesso *comp, FILE *f);

extern void prodotto_complesso(struct complesso *comp1,
    const struct complesso *comp2);

#endif /* COMPLESSI_H */
```

```c
/* complessi.c */

#include "complessi.h"

int read_complesso(struct complesso *comp, FILE *f) {
    return fscanf(f, "%lf%lf", &(comp->re), &(comp->im)) == 2;
}

void write_complesso(const struct complesso *comp, FILE *f) {
    fprintf(f, "%f %f\n", comp->re, comp->im);
}

void prodotto_complesso(struct complesso *comp1, const struct complesso *comp2) {
    double re = comp1->re*comp2->re - comp1->im*comp2->im;
    double im = comp1->im*comp2->re + comp1->re*comp2->im;

    comp1->re = re;
    comp1->im = im;
}
```

Main

Approfittiamo del problema per scrivere un `main()` un po' più sofisticato del minimo indi-spensabile. Utilizziamo il file `complessi.txt` fornito col problema prendendo coppie di valori complessi, facendone il prodotto e poi salvando i prodotti in un nuovo file.

Si comincia aprendo i due file di input e output, leggiamo due numeri complessi e, se li abbiamo letti entrambi correttamente, ne stampiamo i valori (in modo *carino*). Faccio poi il prodotto e infine scrivo in output. Notare come utilizziamo due `struct complesso` au-tomatiche, ovvero allocate sullo stack, passandone l'indirizzo alle funzioni con l'operatore `&`.

Per verificare anche la scrittura riapriamo il file così creato e ne inviamo su `stdout` il contenuto come già fatto per il primo file.

```c
/* main.c */

#include <stdlib.h>
#include <stdio.h>
#include <string.h>

#include "complessi.h"

int main(void) {
    // Apro il file di input e esco in caso di errore
    FILE *f = fopen("complessi.txt", "rt");
    if (f == NULL)
        return EXIT_FAILURE;

    // Apro il file di output e esco in caso di errore
    FILE *fout = fopen("prodotti_complessi.txt", "wt");
    if (fout == NULL) {
        fclose(f); // Devo anche ricordarmi di chiudere il file aperto prima
        return EXIT_FAILURE;
    }

    printf("Contenuto di 'complessi.txt':\n");
    while (1) {
        struct complesso x;
        if (!read_complesso(&x, f))
            break;

        struct complesso y;
        if (!read_complesso(&y, f))
            break;

        printf("x = (%f + i*%f)\n", x.re, x.im);
        printf("y = (%f + i*%f)\n", y.re, y.im);

        prodotto_complesso(&x, &y);
```

```
        printf("x*y = (%f + i*%f)\n", x.re, x.im);

        write_complesso(&x, fout);
        printf("\n");
    }
    printf("\n");
    fclose(f);
    fclose(fout);

    f = fopen("prodotti_complessi.txt", "rt");
    if (f == NULL)
        return EXIT_FAILURE;

    printf("Contenuto di 'prodotti_complessi.txt':\n");
    while (1) {
        struct complesso x;
        if (!read_complesso(&x, f))
            break;
        printf("x = (%f + i*%f)\n", x.re, x.im);
    }
    printf("\n");
    fclose(f);
    return 0;
}
```

Soluzione dell'Esercizio 4.15 – vettori-leggi

In questo esercizio dobbiamo leggere da file di testo dei numeri (con segno e senza segno), useremo la funzione fscanf(). Ricordiamoci che la fscanf() *salta i whitespace*, ovvero legge tutti gli spazi/tabulazioni/acapo prima del prossimo campo. Questo vuol dire che una sequenza di letture con fscanf() sarà sufficiente a leggere tutti gli elementi del vettore che sono separati da tabulazione.

La funzione richiede diverse allocazioni dinamiche: la prima riguarda il vettore di struct vettore da ritornare, poi, per ogni struct vettore letto da file occorre fare un'allocazione per contenerne i dati.

```
/* vettori.h */

#if !defined VETTORI_H
#define VETTORI_H

#include <stdio.h>

struct vettore {
    size_t len;
    int *data;
```

```
};

extern struct vettore *vettori_leggi(FILE *f, size_t *n);

#endif /* VETTORI_H */


/* vettori.c */

#include <stdlib.h>

#include "vettori.h"

struct vettore *vettori_leggi(FILE *f, size_t *n)
{
    struct vettore *v = NULL; // Il puntatore che ritornerà la funzione
    size_t nv = 0;

    // ciclo infinito, esce al primo break
    for (;;) {
        size_t len, i;

        // Ogni vettore inizia sempre con un numero senza segno
        if (fscanf(f, "%u", &len) != 1)
            break;
        ++nv;
        // Aggiungo lo spazio per una struct vettore
        v = realloc(v, nv*sizeof(struct vettore));
        v[nv - 1].len = len; // [nv-1] è l'indice dell'ultimo elemento
        v[nv - 1].data = malloc(len*sizeof(int)); // Alloco lo spazio necessario

        // Leggo tutti i len elementi del vettore corrente
        for (i = 0; i < len; ++i) {
            // (v[nv - 1].data + i) è l'indice dell'i-esimo elemento del vettore di indice nv-1
            fscanf(f, "%i", v[nv - 1].data + i);
        }
    }
    // Assegno al valore puntato da n il numero di vettori letti
    *n = nv;
    return v;
}
```

Main

Il main() deve aprire un file in modalità lettura tradotta (testo) e chiamare la funzione
vettori_leggi(). Occorre poi catturare il valore di ritorno, ovvero il puntatore agli struct
vettore letti. Una parte interessante di questo esercizio è come deve essere liberata la me-

moria: come per le allocazioni, dovremo fare una `free()` per i dati di ogni `struct vettore` letto, e infine liberare la memoria del puntatore ritornato dalla funzione.

```c
/* main.c */

#include <stdlib.h>
#include <stdio.h>

#include "vettori.h"

int main(void)
{
    FILE *f;
    struct vettore *v;
    size_t n;

    f = fopen("vettori1.log", "rt");
    if (!f)
        return 0;
    v = vettori_leggi(f, &n);
    // Libero la memoria allocata da ogni vettore
    for (size_t i = 0; i < n; ++i)
        free(v[i].data);
    // libero la memoria contenente tutti gli struct vettore
    free(v);
    return 0;
}
```

Soluzione dell'Esercizio 4.16 – read-pixels

La soluzione è composta da un ciclo infinito che legge da file finché le letture vanno a buon fine. Una variabile di supporto di tipo `struct pixel` viene definita a inizio ciclo e copiata all'interno del vettore solo se tutte le letture hanno successo. Si noti come la realloc che ridimensiona la memoria puntata da `vp` sia chiamata solo alla fine del ciclo, quando siamo sicuri che i dati letti da file siano corretti (ovvero tutte le fread hanno avuto successo).

```c
/* punti.h */

#if !defined PUNTI_H
#define PUNTI_H

struct pixel {
    short x, y;
    unsigned char rgb[3];
};

struct pixel *read_pixels(FILE *f, size_t *n);
```

```c
#endif /* PUNTI_H */

/* punti.c */

#include <stdlib.h>
#include <stdio.h>

#include "punti.h"

struct pixel *read_pixels(FILE *f, size_t *n)
{
    struct pixel *vp = NULL;

    *n = 0;
    while (1) {
        // Variabile di appoggio che leggo da file e poi copio
        struct pixel p;
        // Controllo il valore di ritorno di ogni fread (numero di campi letti)
        if (fread(&p.x, sizeof p.x, 1, f) != 1)
            break;
        if (fread(&p.y, sizeof p.y, 1, f) != 1)
            break;
        // Siccome p.rgb è un array statico di 3 byte, posso usare sizeof (che ritorna 3)
        if (fread(p.rgb, sizeof p.rgb, 1, f) != 1)
            break;
        // Incremento il valore puntato da n
        (*n)++;
        vp = realloc(vp, (*n)*sizeof(struct pixel));
        vp[*n - 1] = p;
    }
    return vp;
}
```

Main

Il `main()` non fa altro che invocare la funzione `read_pixels()` con uno dei file a disposizione dell'esercizio. Siccome il puntatore ritornato dalla funzione punta ad un'area di memoria allocata dinamicamente, chiameremo la `free()` su tale puntatore.

```c
/* main.c */

#include <stdio.h>
#include <stdlib.h>

#include "punti.h"

int main(void)
```

```c
{
    FILE *f;
    struct pixel *vp;
    size_t n;

    f = fopen("punti1.dat", "rb");
    if (f == NULL)
        return;
    vp = read_pixels(f, &n);
    free(vp);
    return 0;
}
```

Soluzione dell'Esercizio 4.17 – read-stringhe-bin

Poche accortezze in questa soluzione, che ricalca la struttura classica di una lettura da file.

Per prima cosa proviamo ad aprire il file e procediamo solo se tutto è a posto.

Il ciclo continua finché riusciamo a leggere correttamente sia la lunghezza, sia i caratteri, con una sola nota: se non riesco a leggere la lunghezza, devo solo uscire, mentre se la lettura dei caratteri fallisce devo anche liberare la memoria allocata per quello scopo.

Nel file non è presente il terminatore, quindi devo aggiungerlo.

Infine incremento il numero di elementi nel vettore di stringhe di uscita, rialloco la memoria e memorizzo la stringa appena letta.

```c
/* stringhe.h */

#if !defined STRINGHE_H
#define STRINGHE_H

struct stringa {
    unsigned char length;
    char *s;
};

extern struct stringa *read_stringhe_bin(const char *filename, unsigned int *pn);

#endif /* STRINGHE_H */

/* stringhe.c */

#include "stringhe.h"

#include <stdlib.h>
#include <stdio.h>
```

```c
struct stringa *read_stringhe_bin(const char *filename, unsigned int *pn) {
    FILE *f = fopen(filename, "rb");
    if (f == NULL) {
        *pn = 0;
        return NULL;
    }

    struct stringa *pstr = NULL;
    unsigned int n = 0;
    while (1) {
        struct stringa str;
        // Provo a leggere una lunghezza e uso il valore di ritorno di fread()
        // per vedere se la lettura è fallita o meno
        if (fread(&str.length, sizeof(str.length), 1, f) != 1)
            break;
        // Alloco spazio per i caratteri e per il terminatore
        str.s = malloc(str.length + 1);
        // Leggo e verifico il risultato
        if (fread(str.s, 1, str.length, f) != str.length) {
            // Se la lettura fallisce devo ricordarmi di liberare la memoria
            free(str.s);
            break;
        }
        str.s[str.length] = 0;  // Aggiungo il terminatore

        ++n;  // Ho letto una stringa, quindi la aggiungo al vettore
        pstr = realloc(pstr, n*sizeof(struct stringa));
        pstr[n - 1] = str;
    }
    fclose(f);

    *pn = n;
    return pstr;
}
```

Main

Un main() senza troppi fronzoli, ma con una visualizzazione, per semplificare la verifica del risultato: leggo le stringhe con la funzione appena creata, le mando su stdout con un a capo dopo ognuna e, fondamentale, mi ricordo di liberare la memoria. Notare che devo liberare la memoria per ogni stringa e poi la memoria per il vettore.

```c
/* main.c */

#include <stdlib.h>
#include <stdio.h>
```

```
#include "stringhe.h"

int main(void)
{
    unsigned int n;
    // Leggo le stringhe
    struct stringa *pstr = read_stringhe_bin("stringhe1.bin", &n);

    // Le stampo
    for (unsigned int i = 0; i < n; ++i)
        puts(pstr[i].s);

    // Libero la memoria
    for (unsigned int i = 0; i < n; ++i)
        free(pstr[i].s);
    free(pstr);
    return 0;
}
```

Soluzione dell'Esercizio 4.18 – libri-read

Leggere un libro non è esattamente immediato, perché c'è una difficoltà sottile nel testo: il titolo del libro è una stringa compresa tra ; e **può contenere degli spazi**. Questo ci permette subito di dire che utilizzare una fscanf() con %s non è la soluzione adatta. Potremo leggere il codice e il numero di pagine con %u, ma per il titolo dovremo affidarci ad una lettura più *tradizionale*, carattere per carattere.

Una volta aperto il file, finché riusciamo a leggere il codice (che mettiamo in una struct temporanea) proseguiamo. Saltiamo il ; che probabilmente ha interrotto la lettura del codice.

Adesso leggiamo il titolo. Col solito pattern, facciamo un ciclo che legge un carattere (vedi Nota 6.1). Se il file è finito, se ho letto un ; o se questo sarebbe il 254-esimo carattere (non lasciando quindi spazio per il terminatore), mi interrompo. Alla fine aggiungo il terminatore al titolo.

Resta solo da leggere il numero di pagine e utilizziamo la solita fscanf().

In tmp ho un libro letto completamente e valido, quindi vado ad aggiungerlo al mio vettore di libri: ingrandisco la memoria con la **realloc()** e inserisco tmp in ultima posizione.

La funzione termina aggiornando la variabile puntata da pn e ritornando il puntatore alla memoria dove si trovano tutti i libri letti.

```
struct libro *read_libri(const char *filename, unsigned int *pn) {
    struct libro *plibri = NULL;
    FILE *f;
    unsigned int n = 0;

    if ((f = fopen(filename, "rt")) != NULL) {
```

```
        struct libro tmp;
        while (fscanf(f, "%u", &tmp.codice) == 1) {
            // C'è un libro, quindi leggo il titolo (tra ;)
            if (getc(f) != ';') // Salto un ;
                break;

            int i = 0;
            while (1) {
                int car = fgetc(f);
                if (car == EOF || car == ';' || i == 254)
                    break;
                tmp.titolo[i] = car;
                ++i;
            }
            tmp.titolo[i] = 0;

            if (fscanf(f, "%u", &tmp.pagine) != 1)
                break;

            plibri = realloc(plibri, (n + 1)*sizeof(struct libro));
            plibri[n] = tmp;
            n++;
        }
        fclose(f);
    }

    *pn = n;
    return plibri;
}
```

In realtà tutta questa complicatezza è evitabile, ricorrendo agli specificatori di formato meno comuni della fscanf(). Infatti utilizzando lo specificatore %[^] è possibile leggere una stringa che non contenga i caratteri specificati dopo il carattere ^. Quindi la stringa di formato potrebbe diventare: %u;%[^;];%u, che significa:

1. salta eventuali whitespace e leggi un intero senza segno
2. salta un ;
3. leggi caratteri finché non incontri un ;
4. salta un ;
5. salta eventuali whitespace e leggi un intero senza segno

Non male! Però così potremmo leggere più di 254 caratteri. Le stringhe di formato hanno anche un campo width che consente di limitare il numero massimo di caratteri da leggere, quindi la versione finale diventa quella che troviamo di seguito.

/ libri.h */*

```
#if !defined LIBRI_H
#define LIBRI_H
```

```c
#include <stdlib.h>

struct libro {
    unsigned int codice;
    char titolo[255];
    unsigned int pagine;
};

extern struct libro *read_libri(const char *filename, size_t *pn);

#endif /* LIBRI_H */

/* libri.c */

#include "libri.h"
#include <stdio.h>
#include <stdlib.h>

struct libro *read_libri(const char *filename, size_t *pn) {
    struct libro *plibri = NULL;
    FILE *f;
    size_t n = 0;

    if ((f = fopen(filename, "rt")) != NULL) {
        struct libro tmp;
        while (1) {
            int ret;
            ret=fscanf(f, "%u;%254[^;];%u", &tmp.codice, tmp.titolo, &tmp.pagine);

            if (ret != 3)
                break;

            plibri = realloc(plibri, (n + 1)*sizeof(struct libro));
            plibri[n] = tmp;
            n++;
        }
        fclose(f);
    }

    *pn = n;
    return plibri;
}
```

Main

Ecco un output un po' più sofisticato del solito per rendere giustizia alla fatica fatta per leggere i libri.

Per ogni file di esempio, costruiamo il nome, leggiamo i libri contenuti, scriviamo `File:` col suo nome e poi mandiamo su `stdout` i libri. La formattazione è molto semplice: numero progressivo del libro, poi, allineati verticalmente con caratteri di tabulazione, i tre campi di ogni libro.

Ad esempio l'output inizierà con:

```
File: libri1.txt
0)      codice: 23875
        Titolo: L'uomo che piantava gli alberi (Salani Ragazzi)
        Pagine: 64

1)      codice: 75628
        Titolo: Programmazione C. Le basi per tutti (Esperto in un click)
        Pagine: 111
...
```

```c
/* main.c */

#include <stdlib.h>
#include <stdio.h>
#include <string.h>
#include "libri.h"

void main_stampa_libri(struct libro *plibri, size_t n) {
    size_t i;
    for (i = 0; i<n; i++) {
        printf("%u)\tcodice: %u\n\tTitolo: %s\n\tPagine: %u\n\n",
            i, plibri[i].codice, plibri[i].titolo, plibri[i].pagine);
    }
}

int main(void)
{
    for (int i = 1; i<=2; i++) {
        char filename[255];
        sprintf(filename, "libri%d.txt", i);

        size_t n;
        struct libro *plibri = read_libri(filename, &n);

        printf("File: %s\n", filename);
        main_stampa_libri(plibri, n);

        free(plibri);
        printf("\n");
    }
    return 0;
}
```

Soluzione dell'Esercizio 4.19 – libri-read-filtra

La funzione per filtrare i libri richiede di effettuare una ricerca di una stringa in un'altra, quindi utilizziamo la funzione strstr(), che ritorna NULL se non trova il secondo parametro nel primo.

Per tutti i libri (quindi un for con i che va da 0 alla variabile puntata da pn) cerchiamo nel titolo la stringa cerca. Se c'è riallochiamo la memoria, copiamo il libro e incrementiamo il numero di libri trovati.

Alla fine ci ricordiamo di aggiornare *pn al suo valore finale.

```c
/* libri.h */

#if !defined LIBRI_H
#define LIBRI_H

#include <stdlib.h>

struct libro {
    unsigned int codice;
    char titolo[255];
    unsigned int pagine;
};
extern struct libro *filtra_libri(struct libro *plibri, size_t *pn,
    const char *cerca);

#endif /* LIBRI_H */

/* libri.c */

#include "libri.h"

#include <stdio.h>
#include <stdlib.h>
#include <string.h>

struct libro *filtra_libri(struct libro *plibri, size_t *pn, const char *cerca)
{
    struct libro *pfilt = NULL;
    size_t nfilt = 0;

    for (size_t i = 0; i < *pn; i++) {
        if (strstr(plibri[i].titolo, cerca) != NULL) {
            pfilt = realloc(pfilt, (nfilt + 1)*sizeof(struct libro));
            pfilt[nfilt] = plibri[i];
            nfilt++;
        }
```

```
    }

    *pn = nfilt;
    return pfilt;
}
```

Main

Oltre alle già viste `main_stampa_libri()` e `read_libri()` (vedi Es. 4.18) ci concentriamo sulla funzione `main()`.

Innanzitutto definiamo un array di puntatori a `char` con i nomi dei file da utilizzare (notare che li dichiariamo `const`, tanto non sono da modificare) e con le parole da cercare. La variabile `tests` conterrà il numero di elementi del vettore `cerca` per sapere quanti test effettuare.

Per ogni test leggiamo dal file i libri e poi invochiamo la ricerca con la parola scelta. Infine stampiamo il risultato e liberiamo la memoria.

```c
/* main.c */

#include <stdio.h>
#include <stdlib.h>
#include "libri.h"

int main(void)
{
    const char *filename[] = { "libri1.txt", "libri1.txt", "libri2.txt",
        "libri2.txt" };
    const char *cerca[] = { "del", "bz", "uomo", "il" };
    size_t tests = sizeof cerca / sizeof *cerca;

    for (size_t i = 0; i < tests; i++) {
        size_t n, nfilt;
        struct libro *plibri, *pfilt;

        printf("File: %s\n", filename[i]);
        plibri = main_read_libri(filename[i], &n);

        printf("Cerca: %s\n", cerca[i]);
        nfilt = n;
        pfilt = filtra_libri(plibri, &nfilt, cerca[i]);
        main_stampa_libri(pfilt, nfilt);

        free(plibri);
        free(pfilt);
        printf("-----------------------------------------------------------\n");
    }
```

```
        return 0;
}
```

Soluzione dell'Esercizio 4.20 – read-dati

Questo esercizio richiede di prelevare da un file un numero ignoto a priori di coppie (valore,classe). È evidente che dovremo allocare memoria per questo scopo e, come sempre in questi casi, le scelte sono due: leggere l'intero file per conoscere il numero di campi, oppure allocare memoria progressivamente. Seguiamo questa seconda strada e quindi, una volta aperto il file, leggiamo una coppia, aumentiamo la memoria allocata e inseriamo la coppia letta nel nuovo spazio.

Per la lettura, utilizziamo la funzione `fscanf()` utilizzando gli specificatori di formato opportuni: `%lf` per un `double` e `%u` per un `unsigned int`. Specificare `%f` come primo parametro sarebbe un grave errore! Alla funzione `fscanf()` dobbiamo quindi passare due puntatori e li otteniamo con l'operatore `&` sui campi della variabile temporanea `tmp`.

Se la lettura ha avuto successo, espandiamo la memoria puntata da `pdati` utilizzando la funzione `realloc()`.

Per copiare i dati da `tmp` all'ultimo elemento appena allocato utilizziamo l'assegnamento che nel caso delle `struct` esegue una copia di tutti i campi.

La funzione termina mettendo nella variabile puntata da `pn` il numero di dati letti. Avremmo potuto utilizzare `*pn` in tutto il codice, ma lo avrebbe reso meno leggibile, quindi utilizziamo una variabile temporanea interna che assegnamo solo alla fine.

```
/* dati.h */

#if !defined DATI_H
#define DATI_H

struct dato {
    double valore;
    unsigned int classe;
};

extern struct dato *read_dati(const char *filename, unsigned int *pn);

#endif /* DATI_H */

/* dati.c */

#include "dati.h"
#include <stdio.h>
#include <stdlib.h>

struct dato *read_dati(const char *filename, unsigned int *pn) {
```

```
    struct dato *pdati = NULL;
    FILE *f;
    unsigned int n = 0;

    if ((f = fopen(filename, "rt")) != NULL) {
        struct dato tmp;
        while (fscanf(f, "%lf%u", &tmp.valore, &tmp.classe) == 2) {
            ++n;
            pdati = realloc(pdati, n*sizeof(struct dato));
            pdati[n - 1] = tmp;
        }
        fclose(f);
    }

    *pn = n;
    return pdati;
}
```

Main

Il `main()` in questo caso è piuttosto laborioso da scrivere, perché utilizzare solo il debugger per osservare parecchi dati sarebbe troppo scomodo. Pertanto facciamo un programma che apre tutti i file forniti col problema, ne legge il contenuto utilizzando la funzione `read_dati()` e poi ne manda il contenuto su `stdout`.

Per costruire il nome del file utilizziamo la funzione `sprintf()`. Per la stampa effettuiamo un ciclo sul numero di elementi puntati da `pdati` e per ognuno stampiamo una riga con valore e classe.

Non dimentichiamo alla fine di ogni iterazione di liberare la memoria allocata dalla funzione `read_dati()`. Questo non è solo una buona pratica di programmazione, ma ci aiuta anche durante il debug a verificare di non aver sforato malamente dai limiti della memoria durante la lettura.

```
/* main.c */

#include <stdlib.h>
#include <stdio.h>
#include "dati.h"

void stampa_dati(struct dato *pdati, unsigned int n) {
    for (unsigned int i = 0; i<n; i++) {
        printf("%2u) Valore: %6.4f - Classe: %u\n", i, pdati[i].valore,
            pdati[i].classe);
    }
}

int main(void)
{
```

```
    for (int i = 1; i<4; i++) {
        char filename[255];
        sprintf(filename, "dati%d.txt", i);

        unsigned int n;
        struct dato *pdati = read_dati(filename, &n);

        printf("File: %s\n", filename);
        stampa_dati(pdati, n);
        free(pdati);
        printf("-----------------------------------------------------------\n");
    }
    return 0;
}
```

Soluzione dell'Esercizio 4.21 – read-dati-conteggio

In aggiunta alla soluzione dell'Esercizio 4.20, è necessario scrivere la funzione che conta il numero di elementi di ogni classe.

Siccome il numero delle classi è noto a priori, serviranno 11 contatori, quindi utilizziamo un array per memorizzare questo conteggio. Dopo l'apertura del file quindi dichiariamo un array da 11 unsigned int tutti inizializzati a 0. Poi per ogni elemento nel vettore di struct dato, leggiamo la sua classe e incrementiamo il contatore corrispondente. L'espressione

```
count[pdati[i].classe]++;
```

effettua proprio questo: accedo all'elemento pdati[i], di questo elemento estraggo la classe con .classe, poi utilizzo questo valore per andare all'elemento corrispondente nell'array count con count[...] e infine incremento il valore.

Per scrivere in little endian, è sufficiente sapere che questo codice viene eseguito su macchine Intel e quindi **il contenuto della memoria è già memorizzato in little endian.** Pertanto non è necessario fare altro che scrivere con fwrite() l'intero array su file.

```
/* dati.h */

#if !defined DATI_H
#define DATI_H

struct dato {
    double valore;
    unsigned int classe;
};

extern struct dato *read_dati(const char *filename, unsigned int *pn);
extern int salva_conteggio_bin(const char *filename, struct dato *pdati,
    unsigned int n);
```

```
#endif  /* DATI_H */

/* dati.c */

#include "dati.h"
#include <stdio.h>
#include <stdlib.h>

struct dato *read_dati(const char *filename, unsigned int *pn) {
    struct dato *pdati = NULL;
    FILE *f;
    unsigned int n = 0;

    if ((f = fopen(filename, "rt")) != NULL) {
        struct dato tmp;
        while (fscanf(f, "%lf%u", &tmp.valore, &tmp.classe) == 2) {
            ++n;
            pdati = realloc(pdati, n*sizeof(struct dato));
            pdati[n - 1] = tmp;
        }
        fclose(f);
    }

    *pn = n;
    return pdati;
}

int salva_conteggio_bin(const char *filename, struct dato *pdati, unsigned int n) {
    FILE *f;

    if ((f = fopen(filename, "wb")) == NULL)
        return 0;

    // Creo un array di contatori, uno per classe, tutti inizializzati a 0
    unsigned int count[11] = { 0 };
    // Per ogni elemento del vettore di dati, ne estraggo la classe e incremento
    // il contatore corrispondente
    for (unsigned int i = 0; i < n; i++)
        count[pdati[i].classe]++;

    // Unica scrittura di 11 dati di dimensione 'unsigned int' puntati da count.
    fwrite(count, sizeof(unsigned int), 11, f);

    fclose(f);
    return 1;
}
```

Main

Per effettuare i test, oltre al piccolo esempio fornito nel testo, è possibile utilizzare tutti i file di esempio allegati e quindi per 3 volte (con i che vale 1, 2, e 3), creo il nome del file con sprintf(), utilizzo la precedente read_dati() e poi ne salvo il conteggio con la funzione salva_conteggio_bin(). Non dimentichiamo di liberare la memoria ad ogni giro.

```c
/* main.c */

#include "dati.h"

#include <stdio.h>
#include <stdlib.h>

int main(void)
{
    for (int i = 1; i <= 3; ++i) {
        char filename[255];
        sprintf(filename, "dati%i.txt", i);

        unsigned int n;
        struct dato *pdati = read_dati(filename, &n);

        sprintf(filename, "dati%i.bin", i);
        int res = salva_conteggio_bin(filename, pdati, n);

        free(pdati);
    }
    return 0;
}
```

Soluzione dell'Esercizio 4.22 – matrix-read

Dopo aver letto righe e colonne con una fscanf(), dobbiamo allocare la memoria per memorizzare i dati. Serve spazio per tanti double quanti sono gli elementi della matrice, ovvero rows * cols.

Per ogni elemento, ovvero per ogni riga e per ogni colonna di quella riga, leggiamo un double (con il selettore di formato %lf). Dove lo mettiamo? All'indirizzo ottenuto partendo da matr->data e sommando r*matr->cols + c.

Notate che se la lettura fallisce prima di aver letto tutto, abbiamo la buona creanza di liberare la memoria da noi allocata e poi ritornare errore.

```c
/* matrix.h */

#if !defined MATRIX_H
#define MATRIX_H
```

```c
#include <stdlib.h>
#include <stdio.h>

struct matrix {
    size_t rows, cols;
    double *data;
};

extern int matrix_read(struct matrix *matr, FILE *f);

#endif /* MATRIX_H */
```

```c
/* matrix.c */

#include "matrix.h"
#include <stdlib.h>

int matrix_read(struct matrix *matr, FILE *f)
{
    // Leggo il numero di righe
    if (fscanf(f, "%u", &matr->rows) != 1)
        return 0;
    // Leggo il numero di colonne
    if (fscanf(f, "%u", &matr->cols) != 1)
        return 0;

    // Alloco la memoria
    matr->data = malloc(matr->rows*matr->cols*sizeof(double));

    // Per tutte le righe
    for (size_t r = 0; r < matr->rows; ++r) {
        // Per tutte le colonne
        for (size_t c = 0; c < matr->cols; ++c) {
            // Leggo un valore double (notare come ottengo l'indirizzo)
            if (fscanf(f, "%lf", matr->data + r*matr->cols + c) != 1) {
                free(matr->data); // Libero la memoria in caso di fallimento
                return 0;
            }
        }
    }

    return 1;
}
```

Main

Il `main()` apre un file (qui abbiamo usato `A.txt`), legge la matrice, libera la memoria e ritorna. Utilizzate il debugger per verificare che tutto sia a posto o una delle funzioni per visualizzare le matrici già proposte in altri esercizi.

```c
/* main.c */

#include "matrix.h"

int main(void)
{
    // Apro un file
    FILE *f = fopen("A.txt", "rt");
    if (f == NULL)
        return EXIT_FAILURE;

    // Leggo la matrice
    struct matrix mat;
    if (!matrix_read(&mat, f)) {
        fclose(f); // Chiudo il file in caso di fallimento
        return EXIT_FAILURE;
    }

    // Libero la memoria
    free(mat.data);
    // Chiudo il file
    fclose(f);
    return 0;
}
```

Soluzione dell'Esercizio 4.23 – db-load

In questo esercizio si devono leggere campi di lunghezza nota da file binario, usiamo quindi la funzione `fread()`. Ci sono diverse allocazioni dinamiche da fare, effettuate con `malloc()` e `realloc()`. Siccome a priori non si sa nulla sulla lunghezza del file, la lettura dei dati è effettuata in un ciclo infinito che termina alla prima lettura fallita (o end-of-file).

Il primo dato che ci aspettiamo sul file è un intero segna segno a 32 bit che metteremo in `size`, seguito da `size` byte. La lettura dei `size` byte può essere effettuata con una chiamata sola a `fread()`, specificando il numero di elementi da leggere. Per ogni `record` letto dovremo allungare la memoria puntata da `db->recs` utilizzando la `realloc()`.

```c
/* database.h */

#if !defined DATABASE_H
#define DATABASE_H
```

```c
#include <stdint.h>  // Necessario per i tipi uint8_t e uint32_t

struct record {
    uint32_t size;
    uint8_t *data;
};

struct database {
    uint32_t num;
    struct record *recs;
};

extern int db_load(const char *filename, struct database *db);

#endif  /* DATABASE_H */


/* database.c */

#include "database.h"

#include <stdlib.h>
#include <stdio.h>

int db_load(const char *filename, struct database *db) {
    FILE *f = fopen(filename, "rb");
    if (f == NULL)
        return 0;

    db->num = 0;
    // Metto li puntatore a NULL per renderlo compatibile con la realloc
    db->recs = NULL;
    while (1) {
        // Uso una struct temporanea r
        struct record r;
        // Leggo il campo size
        if (fread(&r.size, 4, 1, f) != 1)
            break;
        // Alloco size byte
        r.data = malloc(r.size);
        // Leggo tutti i dati
        if (fread(r.data, 1, r.size, f) != r.size) {
            // Se la lettura è fallita devo deallocare la memoria
            // e chiudere il file prima di uscire
            free(r.data);
            fclose(f);
            return 0;
        }
        // Aggiungo memoria per un record
```

```
        db->recs = realloc(db->recs, (db->num + 1)*sizeof(struct record));
        // Copio il record temporaneo
        db->recs[db->num] = r;
        db->num++;
    }
    fclose(f);
    return 1;
}
```

Main

La struttura dati di questo esercizio è abbastanza complicata, per questo motivo abbiamo creiamo una funzione di supporto `stampa_record()` che stamperà a schermo il contenuto di un `record`. Il `main()`, prima di uscire, deve deallocare sia tutti i dati dei `record` che il vettore dinamico di `record`.

```
/* main.c */

#include <stdio.h>

#include "database.h"
#include <stdlib.h>

// Stampa a schermo il contenuto di un record
void stampa_record(const struct record *r, FILE *fout)
{
    for (uint32_t i = 0; i < r->size; ++i) {
        printf("%02x ", r->data[i]);
        // Se il recordo è molto lungo stampo solo i primi caratteri
        if (i > 20) {
            printf("(continua...)");
            break;
        }
    }
    printf("\n");
}

int main(void) {
    struct database db;
    int ret1 = db_load("db1.bin", &db);

    printf("Il db letto contiene %d record, elencati di seguito:\n", db.num);
    for (uint32_t i = 0; i < db.num; ++i) {
        printf("record #%u (%d byte):\n", i, db.recs[i].size);
        stampa_record(&db.recs[i], stdout);
    }
    // Libero la memoria di ogni record
    for (uint32_t i = 0; i < db.num; ++i)
```

```
        free(db.recs[i].data);
    // Libero la memoria del vettore dinamico di record
    free(db.recs);
    return 0;
}
```

Capitolo 6

Note

6.1 Uso della funzione `fgetc()`

La funzione ha la seguente dichiarazione:

```
extern int fgetc (FILE *stream);
```

La funzione prova a leggere il prossimo byte di `stream`:

- in caso di successo, ritorna il valore del byte, interpretato come numero intero senza segno (quindi da 0 a 255), in un `int`
- altrimenti (ad esempio se il file è finito) ritorna il valore definito con la macro `EOF` (solitamente -1).

Se possibile, l'indicatore della posizione corrente del file viene incrementato.

Perché la funzione non ritorna un `char`? Il motivo è che un `char` è un tipo di dato a 8 bit, quindi in grado di rappresentare 256 valori diversi (da -128 a 127, in complemento a 2).

Supponiamo di leggere da un file `f` che contiene la seguente parola francese (codificata in un file che utilizza la codifica ISO Latin-1, default per Windows in Europa):

`Cloÿs`

Visto in binario, questo file contiene i 5 byte seguenti:

```
01000011
01101100
01101111
11111111
01110011
```

In esadecimale è `43 6C 6F FF 73`.

```
while (1) {
    char c = fgetc(f);
    if (c == EOF)
        break;
```

```
    //... uso il valore di c ...
}
```

Quando questo codice legge la lettera ÿ, quindi il byte 11111111, la variabile c viene impostata a 11111111, che in complemento a 2 vale -1! Quindi c == EOF vale 1, cioè è vero. Ma non siamo alla fine del file!

La colpa non è della funzione fgetc(), ma dell'aver utilizzato un char per rappresentare **257 diversi valori**: i valori da 0 a 255 più il valore EOF.

Ricordarsi quindi di mettere sempre il valore ritornato da fgetc() in un int!

Non si pensi che il problema sia limitato a qualche strano caso colpa dei francesi, perché se stiamo utilizzando un file binario, la possibilità di incontrare un byte dal valore FF è assai alta.

6.2   Lettura corretta da file

In molti esercizi proposti è richiesta la lettura da file, che è infatti una funzionalità fondamentale di tanti programmi. La lettura corretta dei dati è determinante nella buona riuscita del programma.

Per questo motivo andiamo a dettagliare nel seguito una metodologia per una corretta lettura da file di informazioni di varia natura.

Qualsiasi sia la tipologia dei dati da leggere, possiamo tracciare il seguente schema da seguire:

1. **Apertura del file e controllo:** la fopen() ritorna un FILE * ed occorre verificare che questo puntatore sia diverso da NULL prima di procedere;
2. **Lettura del dato:** utilizzo di funzioni come fscanf(), fread(), fgets(), ... per leggere il dato da file;
3. **Controllo della lettura:** ogni funzione di lettura ha un modo per controllare se l'operazione è andata a buon fine. Qui, *prima di usare il dato*, controlliamo che la lettura sia corretta;
4. **Utilizzo del dato:** siamo certi che il dato è stato letto correttamente, quindi possiamo utilizzarlo nel programma;
5. **Chiusura del file:** chiamata alla funzione fclose().

Vediamo ora come questo schema si traduce in problemi pratici.

Lettura di 2 interi da file di testo

La funzione:

```
extern int somma(const char *filename, int *s);
```

deve aprire il file con nome filename in modalità tradotta (testo) e leggere due interi con segno (separati da white space). Deve poi sommare i due numeri e mettere il risultato nel valore puntato da s. La funzione ritorna -1 se qualcosa va storto, 0 altrimenti.

```c
int somma(const char *filename, int *s)
{
    // 1. Leggo il file e controllo
    FILE* f = fopen(filename, "rt");
    if (f == NULL)
        return -1;

    // 2. Leggo il primo dato
    int a, b, ret;
    // 3. Controllo il primo dato
    ret = fscanf(f, "%d", &a);
    if (ret != 1) {
        // 5. Chiusura del file
        fclose(f);
        return -1;
    }

    // 2. Leggo il secondo dato
    ret = fscanf(f, "%d", &b);

    // 3. Controllo il secondo dato
    if (ret != 1) {
        // 5. Chiusura del file
        fclose(f);
        return -1;
    }

    // 4. Utilizzo i dati letti
    *s = a + b;

    // 5. Chiusura del file
    fclose(f);
    return 0;
}
```

Lettura di un file byte per byte

Spesso è richiesto di leggere l'intero contenuto di un file, senza sapere a priori quanti elementi conterrà.

Ad esempio, la funzione:

```c
int somma_tutto(const char *filename)
```

deve aprire il file con nome `filename` in modalità non tradotta (binaria). Nel file sono presenti dei numeri interi senza segno a 16 bit in little endian. La funzione deve sommare tutti questi numeri e ritornare il valore della somma o ritornare il valore -1 se la lettura non va a buon fine.

```
int somma_tutto(const char *filename)
{
    // 1. Leggo il file e controllo
    FILE* f = fopen(filename, "rb");
    if (f == NULL)
        return -1;

    int somma = 0;

    // Ciclo infinito, il controllo è all'interno
    while (1) {
        unsigned short u;
        // 2. Leggo un dato
        size_t ret = fread(&u, sizeof(u), 1, f);
        if (ret != 1)
            break;
        somma += u;
    }

    // 5. Chiusura del file
    fclose(f);
    return somma;
}
```

6.3   Programmazione strutturata

Il paradigma di *programmazione strutturata*, apparso tra gli anni sessanta e settanta, nasce con l'obiettivo di rendere più chiari e leggibili i programmi e facilitarne la manutenzione e la modifica da parte di programmatori diversi da quelli originali.

Uno dei problemi a cui cerca di dare soluzione è quello della difficile comprensione del flusso di esecuzione di un programma in presenza di salti incondizionati, ovvero del goto. Quello che accade in presenza di tali istruzioni è la necessità di spostarsi in una diversa posizione del codice e cercare di capire quali condizioni hanno portato in quel punto. In presenza di diversi salti che rimandano alle stesse istruzioni, le cose possono diventare particolarmente complesse. Le istruzioni break, continue e return (tranne il return a fine funzione) rappresentano altre forme (più eleganti) di goto.

Uno dei punti cardine della programmazione strutturata è la presenza di un **singolo punto di ingresso** e di un **singolo punto di uscita** da ogni blocco di codice. Ad esempio, la funzione somma() della Nota 6.2 è:

```
// Versione 1
int somma(const char *filename, int *s)
{
    FILE* f = fopen(filename, "rt");
    if (f == NULL)
        return -1;
```

```
    int a, b, ret;
    ret = fscanf(f, "%d", &a);
    if (ret != 1) {
        fclose(f);
        return -1;
    }

    ret = fscanf(f, "%d", &b);

    if (ret != 1) {
        fclose(f);
        return -1;
    }

    *s = a + b;

    fclose(f);
    return 0;
}
```

Questo è un esempio di violazione delle rigide regole appena enunciate. Infatti la funzione può terminare in quattro diversi punti (i quattro return).

Ogni programma può essere scritto rispettando alla lettera le regole della programmazione strutturata e questo è dimostrato nel Teorema di Böhm-Jacopini.

Ad esempio avremmo potuto realizzare la funzione somma() così:

```
// Versione 2
int somma(const char *filename, int *s)
{
    FILE* f = fopen(filename, "rt");
    int ret_val = -1;

    if (f != NULL) {
        int a, b, ret;
        ret = fscanf(f, "%d", &a);

        if (ret == 1) {
            ret = fscanf(f, "%d", &b);

            if (ret == 1) {
                *s = a + b;
                ret_val = 0;
            }
        }

        fclose(f);
    }
```

```
    return ret_val;
}
```

Che cosa abbiamo guadagnato? Nella seconda versione abbiamo un grande vantaggio: non dobbiamo ricordarci di liberare le risorse acquisite (cioè fare `fclose()`) ad ogni `return`, ma solo nel punto di uscita relativo alla verifica della corretta acquisizione. Il "difetto" di questo approccio è la massiccia presenza di blocchi di codice innestati, che non sempre rendono chiaro dove l'algoritmo stia procedendo. Il forte utilizzo dell'indentazione a volte sviluppa il codice in orizzontale in modo eccessivo.

Tendenzialmente gli assoluti quando si programma non sono mai così "assoluti", quindi nel testo sono stati utilizzati entrambi gli approcci, a seconda di come sembrava più chiaro nel caso particolare.

Nello specifico della lettura da file, lo schema proposto nella Nota 6.2 è del tipo:

```
while (1) {
    // Lettura dati
    // Controllo e eventuale uscita
    // Utilizzo dei dati
}
```

A rigore, questo modo di impostare il ciclo rispetta la regola del singolo punto di uscita, anche se questo non è in corrispondenza della condizione del `while`. Inoltre risulta molto leggibile e in fase di debug consente di verificare i risultati dei singoli passaggi. Per questo motivo, suggeriamo agli studenti di utilizzare questa forma.

In C è però spesso possibile compattare questo schema spostando la lettura e il controllo nella condizione di uscita del `while`. Ad esempio per la lettura di singoli byte dal file `f` con la funzione `fgetc()` lo schema:

```
while (1) {
  int c = fgetc(f);
  if (c == EOF)
        break;
  // Utilizzo di c
}
```

diventa

```
int c;
while ((c = fgetc(f)) != EOF) {
    // Utilizzo di c
}
```

Analogamente con `fread()`:

```
while (1) {
  char c;
  int ret;
  ret = fread(&c, 1, 1, f);
  if (ret != 1)
        break;
  // Utilizzo di c
}
```

diventa

```c
char c;
while (fread(&c, 1, 1, f) == 1) {
  // Utilizzo di c
}
```

Infine, con `fscanf()`:

```c
while (1) {
  char c;
  int ret;
  ret = fscanf(f, "%c", &c);
  if (ret != 1)
      break;
  // Utilizzo di c
}
```

diventa

```c
char c;
while (fscanf(f, "%c", &c) == 1) {
  // Utilizzo di c
}
```

Quando i dati da leggere diventano numerosi, *impacchettare* tutte le letture e i controlli nel `while` può diventare poco comprensibile e difficile da "debuggare".

6.4 Allocazione di memoria incrementale

In tutto il testo e in generale in quasi tutti i problemi reali, la dimensione dei dati non è nota a tempo di compilazione, pertanto è sempre disponibile in tutti i linguaggi qualche meccanismo per l'allocazione dinamica. Non è strano immaginare di avere un contenitore a cui si possono "aggiungere" cose in coda, ad esempio numeri in un vettore o caratteri in una stringa.

Ovviamente in C non esiste nulla di pronto per questo! Tutto deve essere fatto dal programmatore utilizzando le funzioni per la gestione della memoria:

```c
void *malloc (size_t size);
```

Questa funzione dice al sistema operativo di riservare una zona di memoria contigua grande `size` byte per il nostro programma. Ritorna un puntatore all'inizio della memoria allocata o `NULL` in caso di fallimento (tipicamente perché non c'è abbastanza memoria per contenere la dimensione richiesta).

```c
void *calloc (size_t num, size_t size);
```

Questa funzione è analoga alla `malloc`, ma in più azzera la memoria. Diversamente da `malloc` questa accetta due parametri il numero di elementi e la dimensione di ogni elemento in byte.

```c
void *realloc (void *ptr, size_t size);
```

Questa funzione è particolarmente sofisticata. Infatti riceve un puntatore e dice al sistema operativo di modificare la dimensione della memoria riservata a partire da quel punto. Se la nuova dimensione è inferiore a quella precedente, semplicemente il sistema operativo saprà che qualche byte in più è disponibile. La vera potenza di `realloc()` però si vede quando la dimensione viene incrementata. Infatti può darsi che non sia possibile far crescere la zona di memoria in modo contiguo partendo da `ptr`, perché dopo quella zona ce n'è un'altra anch'essa riservata. Quindi? La funzione si prende in carico di riservare da un'altra parte la memoria richiesta e **copiare i dati attualmente presenti da `ptr` in poi nella nuova zona di memoria**. La funzione ritorna il nuovo indirizzo di memoria (che potrebbe, per quanto detto, anche essere quello di prima).

```
void free (void *ptr);
```

Questa funzione dice al sistema operativo che la memoria puntata da `ptr` deve essere resa disponibile per altri programmi e non è più utilizzata dal nostro. Si parla di *liberare* la memoria. `ptr` deve essere un indirizzo ritornato da una delle funzioni precedenti.

Supponiamo di voler leggere in memoria l'intero contenuto di un file aperto in modalità tradotta (testo) in una stringa C (zero terminata) con la funzione:

```
extern char *leggifile(FILE *f);
```

È evidente che sarà indispensabile allocare dinamicamente l'area di memoria in cui mettere il contenuto del file, perché non sappiamo a priori quanto sarà grande il file. Qualsiasi ipotesi che preveda un numero *grande* (tipo 1000...) non potrà mai adattarsi a tutti i casi: o allochiamo troppa memoria inutilmente, oppure non sarà sufficiente.

Come possiamo affrontare questo problema? Al di là del caso specifico, che consente una soluzione *ad-hoc* particolarmente efficace e che vedremo in seguito, ci sono in generale due strategie:

1. si esegue una prima passata dell'algoritmo che però non produce output, ma si limita a registrare quanta memoria sarebbe necessaria, poi si alloca la memoria e in una seconda passata si ripete quanto già fatto salvando però il risultato.
2. si esegue una sola passata e durante l'esecuzione si procede a riallocare progressivamente memoria (con le conseguenti copie di dati).

Nel seguito non riportiamo tutti i vari `#include` o funzioni di supporto. Partiamo dalla **prima soluzione**:

```
char *leggifile(FILE *f)
{
    size_t n = 0;
    while (1) {
        int c = fgetc(f);
        if (c == EOF)
            break;
        // non uso il carattere letto
        n++;
    }

    // Alloco spazio per il numero di caratteri più il terminatore
    char *p = malloc(n + 1);
```

```
    rewind(f); // Ritorno all'inizio del file
    n = 0;
    while (1) {
        int c = fgetc(f);
        if (c == EOF)
            break;
        p[n] = c; // uso il carattere letto
        n++;
    }
    p[n] = 0;
    return p;
}
```

Il difetto di questo approccio è che ci obbliga a leggere due volte il file, con il vantaggio di una sola allocazione.

La **seconda soluzione** invece è la seguente:

```
char *leggifile(FILE *f)
{
    char *p = NULL;
    size_t n = 0;
    while (1) {
        int c = fgetc(f);
        if (c == EOF)
            break;
        p = realloc(p, n + 1); // Aumento la dimensione della memoria
        p[n] = c; // uso il carattere letto
        n++;
    }
    // Alloco spazio anche per il terminatore
    p = realloc(p, n + 1);
    p[n] = 0;
    return p;
}
```

Qui si vede come il codice diventi più compatto, ma c'è un probabile peggioramento delle prestazioni, perché alcune chiamate alla `realloc` effettueranno una copia dei dati. Nel caso più sfortunato, i dati potrebbero essere copiati ad ogni iterazione.

Ulteriori approfondimenti

Espansione geometrica

È possibile ridurre il numero di riallocazioni utilizzando una tecnica di allocazione della memoria detta *espansione geometrica*, nel senso che si prealloca un nuovo blocco di memoria grande il doppio del precedente nel caso questo non sia sufficiente a contenere i dati. Per fare questo teniamo due informazioni: quanti elementi sono realmente presenti nella memoria allocata n e quanti elementi possono starci al massimo `capacity`.

Servono due accortezze: il valore iniziale della capacità non può essere nullo (altrimenti raddoppiare non cambierebbe nulla) e alla fine dobbiamo riportare la memoria realmente allocata alla dimensione strettamente necessaria. Come valore iniziale per `capacity` si potrebbe utilizzare 1, ma tanto vale partire da un valore piccolo e generalmente sufficiente. Per consentire di vedere l'effetto del raddoppio qui si è scelto 16, ma anche un valore più grande potrebbe essere ragionevole in determinati contesti.

```c
char *leggifile(FILE *f)
{
    size_t capacity = 16; // Definisco una capacità iniziale non nulla
    char *p = malloc(capacity); // Alloco quella capacità
    size_t n = 0;
    while (1) {
        int c = fgetc(f);
        if (c == EOF)
            break;
        if (n == capacity) {
            capacity *= 2; // Raddoppio la capacità
            p = realloc(p, capacity); // Aumento la dimensione della memoria
        }
        p[n] = c; // uso il carattere letto
        n++;
    }
    // Porto la memoria alla dimensione strettamente necessaria a contenere
    // esattamente i dati letti e il terminatore
    p = realloc(p, n + 1);
    p[n] = 0;
    return p;
}
```

Una soluzione *ad-hoc* per il caso dei file

Nel caso dei file abbiamo un paio di altre soluzioni da considerare. Se il file è su disco, possiamo utilizzare le funzioni specifiche per conoscerne la dimensione e allocare quella dimensione. Inoltre per leggere tanti byte, possiamo utilizzare la funzione `fread()` che fa esattamente quello.

Nel codice seguente, bisogna solo avere l'accortezza di ricordarsi che le operazioni di `fseek()` fanno riferimento al file su disco e non alla traduzione degli <a capo> effettuata dall'apertura in modalità tradotta. Pertanto il valore ritornato dalla funzione `ftell()` potrebbe essere maggiore del numero dei caratteri letti da `fread()`. Utilizziamo allora il valore di ritorno di `fread()` per aggiornare n al suo reale valore (dopo la traduzione degli <a capo>) e poi riallochiamo la memoria come al solito per contenere anche il terminatore.

```c
char *leggifile(FILE *f)
{
    fseek(f, 0, SEEK_END);
    size_t n = ftell(f);
    fseek(f, 0, SEEK_SET);
```

```
    char *p = malloc(n);
    n = fread(p, 1, n, f);
    p = realloc(p, n + 1);
    p[n] = 0;
    return p;
}
```

6.5 Inizializzazione di array e struct

In questa nota andiamo ad analizzare le possibili modalità per definire ed inizializzare array e struct in C.

Supponiamo di voler creare un array di 4 `int` contenente i valori {1,2,3,4}. La prima possibilità è la seguente:

```
    int v[4];
    v[0] = 1;
    v[1] = 2;
    v[2] = 3;
    v[3] = 4;
```

Questa soluzione è però molto prolissa, in quanto l'inizializzazione di ogni elemento richiede una riga separata di codice.

Una comodità degli array statici è che possono essere inizializzati al momento della loro definizione, ad esempio nel modo seguente:

```
    int v[4] = {1,2,3,4};

    // non compila! Perché inizializziamo un array di 4 elementi con 5 valori
    // int v[4] = {1,2,3,4,5}
```

Abbiamo quindi compattato molto il codice, senza impattarne la leggibilità. Un ulteriore passo è quello di rimuovere la grandezza del vettore, che può essere calcolata a tempo di compilazione:

```
    int v[] = {1,2,3,4};
```

Tale inizializzazione non è applicabile a vettori allocati dinamicamente, infatti se volessimo creare lo stesso vettore allocato sull'heap dovremmo fare:

```
    int *v = malloc(4 * sizeof(int));
    v[0] = 1;
    v[1] = 2;
    v[2] = 3;
    v[3] = 4;

    // Utilizzo di v

    free(v);
```

Caso particolare: array di caratteri

Qual è il tipo di dato della seguente espressione?

`"prova"`

Il tipo di dato è: **array di 6 char** (5 caratteri e il terminatore).

Un modo per inizializzare un array di char con questi valori è:

```
char s[] = { 'p', 'r', 'o', 'v', 'a', 0 };
```

Possiamo inizializzare un array di char utilizzando direttamente l'espressione **"prova"** nel modo seguente:

```
char s[6] = "prova";
```

s quindi è un array di 6 char contenente i caratteri **'p'**,**'r'**,**'o'**,**'v'**,**'a'**,**0**. Viene effettuata la copia degli elementi di **"prova"** in s. Anche in questo caso possiamo rimuovere la dimensione dell'array:

```
char s[] = "prova";
```

Un puntatore a char può essere inizializzato nel seguente modo:

```
char *p = "prova";
```

Ricordiamoci che questa non è allocazione dinamica! Il puntatore p è allocato sullo stack, i dati a cui punta sono nel **segmento dati** della memoria.

Per allocare dinamicamente la memoria occorre utilizzare la `malloc()` come in qualsiasi altro tipo di vettore:

```
    char *p = malloc(6);
    p[0] = 'p';
    p[1] = 'r';
    p[2] = 'o';
    p[3] = 'v';
    p[4] = 'a';
    p[5] = 0;

    // Utilizzo di p

    free(p);
```

Per inizializzare in poche righe un vettore dinamico di caratteri si può utilizzare la funzione `strcpy()` della libreria `string.h`:

```
    char *p = malloc(6);
    strcpy(p, "prova");

    // Utilizzo di p

    free(p);
```

Inizializzazione di struct

Definiamo la seguente struct:

```
struct punto {
    int x;
    int y;
};
```

Un modo per inizializzare una variabile di tipo struct punto è il seguente:

```
struct punto p;
p.x = 10;
p.y = 20;
```

Possiamo però, come con i vettori statici, inizializzare la variabile al momento della sua definizione:

```
struct punto p = { 10, 20 };
```

Vettori di struct

Possiamo mettere insieme quanto visto negli esempi precedenti per inizializzare un vettore statico contenente due struct punto. La prima possibilità è la seguente:

```
struct punto v[2];
v[0].x = 10;
v[0].y = 20;
v[1].x = 30;
v[1].y = 40;
```

Se gli elementi in v non sono due, ma 4,5, o 10 la quantità di codice per inizializzare il vettore diventa veramente troppa. Il modo più compatto per inizializzare il vettore v è il seguente, che utilizza l'inizializzazione a tempo di definizione sia degli array statici sia delle struct:

```
struct punto v[] = {
    {10,20},
    {30,40}
};
```

Capitolo 7

Indice degli esercizi per argomento

7.1 Formule matematiche

7.2 Utilizzo di vettori

7.3   Stringhe C

7.4 Input/Output con file di testo

7.5 Input/Output con file binari

7.6   Utilizzo di **struct**

7.7   Allocazione dinamica della memoria

www.ingramcontent.com/pod-product-compliance
Lightning Source LLC
LaVergne TN
LVHW062314060326
832902LV00013B/2219